金太郎山狩《きんたろうやまがり》　一幽斎重宣 画

まさかりを手にし、熊に乗った金太郎である。金太郎は怪童丸とも呼ばれていた
（国会図書館提供）

昔《むかし》ばなし舌切雀《したきりすずめ》　一交斎芳盛 画

右側の爺さんのつづらから雀の軍隊があらわれ、そのなかに擬人化された宝づくしの図様が描き込まれている。左側の婆さんはつづらから出てきた化け物たちを見て腰を抜かしている

（国会図書館提供）

新形三十六怪撰《しんけいさんじゅうろくかいせん》
茂林寺《もりんじ》の文福茶釜《ぶんぶくちゃがま》

月岡芳年 画

茂林寺の僧侶・守鶴が昼寝をしているときに、もとの狸の姿が露見してしまうという「文福茶釜」の話をもとにしている

（国会図書館提供）

花《はな》咲《さ》か爺《じい》

優しく正直者の爺さんが枯れ木に灰をまくと、美しい花が咲き乱れ、喜んだ殿様からたくさんの褒美をもらい受けた
（国会図書館提供）

木《き》曽《そ》街道《かいどう》六十《ろくじゅう》九《きゅう》次《つぎ》之内《のうち》福島《ふくしま》 浦嶋《うらしま》太郎《たろう》　歌川国芳 画

長野県の景勝地「寝覚めの床」には竜宮城から帰ってきた浦島太郎がここで目を覚ましたという伝説が残っている（中山道広重美術館蔵）

青春文庫

図説 裏を知るとよくわかる！

日本の昔話

徳田和夫［監修］

青春出版社

まえがき

私は外国の大学や国際的な学会で、ときどき日本の伝統文化、古典文学について講義や講演を行います。その折に、日本の長《た》けたものとして、次の四つをよく話題にします。

一つは、八世紀からの多様な典籍《てんせき》を保持していること。つまり、古文献に恵まれています。二つは、視覚表象文化《ビジュアル・カルチャー》が、はやくから花開いて今に続いていること。とくに絵巻《えまき》と錦絵《にしきえ》（多色刷りの木版画《もくはんが》）は多岐にわたり、現代のマンガやアニメに受け継がれています。三つは、全国規模あるいは地方の新聞が週一回、短歌《たんか》・俳《はい》句《く》の投稿欄をもうけていること。この国には歌人や俳人など詩人が大勢います。

そして、もう一つは物語をたくさん伝えていること。これは書籍、絵画の展開と連動しています。古代の神話《しんわ》、十世紀ごろから連綿《れんめん》と続いた物語文学、十二世紀の末期からさかんに編《あ》まれた説話集《せつわしゅう》、十五世紀から十七世紀の前期に頻出《ひんしゅつ》した短編物語のお伽草子《とぎぞうし》、そして軍記《ぐんき》物語や能《のう》など、まさに壮観《そうかん》です。

その豊かな物語世界の一角を占めるのが、民間説話《みんかんせつわ》です。文献の文学は公家《くげ》や武《ぶ》家《け》の読み物でしたが、民間説話は庶民《しょみん》も取りこんだすべての人々の広い社会（＝民間）で語られてきた物語です。言葉を駆使して出来事を披露《ひろう》することから民間文芸とも、また伝えていくことから伝承《でんしょう》文芸とも呼ばれます。さらに、語って聞かせるので口承《こうしょう》文芸ともいわれてます。声によるパフォーマンスです。語り手（話者《わしゃ》）は手振り、身振りをつけることもあります。聞き手はそれにも誘われて、耳を傾け相槌《あいづち》をうって物語の世界をのぞき込みます。昔話や伝説などがこれです。

　本書は、その昔話に絞って紹介しています。昔話は子どものためのものだとされていますが、それだけではありません。国や地域に暮らしてきた人々が、長い時間をかけて練《ね》りあげ、伝えてきた民俗文化です。いうならば祖先からの贈り物。時代を越えた人間の精神を写しとっていて、大人も楽しんできました。

　本書では、「桃《もも》太郎《たろう》」「花《はな》咲《さ》か爺《じい》」「猿蟹合戦《さるかにがっせん》」など、広く知られた昔話を中心に取り上げ、絵や図版を用いてわかりやすく解説しました。日本の昔話の歴史像が捉《とら》えられるよう、お伽草子の章も設けました。また、比較文化の観点から、なるべく外国の昔話に触れるようにしました。ただし、あらすじで紹介しましたので、読者の方々には原話に、またより多くの昔話にあたられるようお奨めいたします。

文庫化にあたって

国際化や多様性《ダイバーシティ》の社会が進展する現代、私たちはどのように参画すべきかが問われています。みずからの発信に、私たちが創りあげ維持している伝統文化を取りあげるならば、民間伝承の昔話は共通の話題になり得て適しています。

昔話は個人の創作ではなく、集団が長い時間をかけて練りあげ、伝えてきたもので、祖先からの思惟《しい》が込められています。どの民族もそうですが、ユーラシア大陸の極東で語られてきた物語には、親たちの自然観や信仰・思想が映じていて、私たち老若《ろうにゃく》はそれを受け継いでいます。

文庫化にあたって章立てや項目は変わっていませんが、いっそう分かりやすい表現に改め、また新たに近年の学術成果を加えました。

願わくば、本書で取りあげた昔話以外にも、より多くの昔話に、親子で、仲間で接して下さると幸いです。また、外国の伝承物語と比べてみると、自他の文化の普遍性と独自性が見えてくるでしょう。

徳田　和夫

図説 裏を知るとよくわかる！日本の昔話●目次

第一章
最初に押さえておきたい！
昔話への誘い

第二章 実はこんなに奥深い！五大昔話の世界

第三章 意外なルーツが見えてくる！昔話を楽しむ

第四章

なるほどこんな話だったのか！昔話・伝説とお伽草子

＊本書では昔話・伝説を「」、書物を『』として表記しています。

カバー写真●国立国会図書館
本文写真協力●中山道広重美術館、遠野伝承園、遠野市立博物館、国立国会図書館、おかやま観光コンベンション協会、ｆｏｔｏｌｉａ、日本の鬼の交流博物館、フォトライブラリー
ＤＴＰ●明昌堂

第一章

最初に押さえておきたい！

昔話への誘い

第一章
昔話への誘い

昔話入門
――民衆に長く受け継がれてきた語って聞かせる物語

◇昔話を知る

昔《むかし》むかし、あるところにお爺《じい》さんとお婆《ばあ》さんがいました……。

このようにはじまる物語を、祖父母あるいは親が、子どもに語り聞かせや読み語りによって伝える。そして子どもが大人になると、今度は自分の子どもに物語を伝える。親から子へ、子から孫へと何代にもわたって語り継いでいく――。

このようなものが、「昔話《むかしばなし》」とされている。

長いあいだ語り継がれてきた物語としては、昔話のほかに神話《しんわ》、伝説《でんせつ》、世間話《せけんばなし》などがある。

また、民話《みんわ》という言葉もある。どれも似ているが、あらためて、昔話とは何だろうか。昔話はほかとは違う特色があり、またそのように呼ぶ理由がある。

「語り」の風景

昔話は祖父母や親から孫子へと世代を超えて伝承されてきた
（遠野伝承園提供）

◇昔話は民話のひとつ

昔話を大きく定義すると、「集団が口伝えによって練《ね》り上げ伝承してきた散文《さんぶん》の物語」となる。そこには、国や一定の地域で何世代にもわたって暮らしてきた人々の心情や伝統的な慣習（民俗文化）が投影されている。

物語の内容は人間や動植物などをめぐる虚構の出来事であり、現実の社会を舞台としていても、架空の事柄が展開している。そこでは、主人公は時には大変な活躍をし、特別な幸福を手に入れる。神が護《まも》ったりもする。聞き手はそうした主人公の活躍を楽しみ、心を躍らせる。神話や伝説が信仰性、事実性をまとっているのに対して、昔話は想像力豊かな娯楽《エンターテイメント》なのである。

また、昔話はひとつひとつに物語の型《かた》（タイプ）がある。それを話型《わけい》という。その構成（プロット）はおもな出来事（モチーフ）の積み重ねによって成りたっている。さらに、その語りは、基本的に「昔むかし……」などとはじまり、「……であったそうな」などと終わる。冒頭（語りはじめ）に「昔」かそれに準じる言いまわしがあり、最後（語りおさめ）には地域独自の言いまわしが付く（後述）。そうした代表が「桃太郎《ももたろう》」「花咲か爺《はなさかじい》」「猿蟹合戦《さるかにがっせん》」「かちかち山《やま》」「舌切り雀《したきりすずめ》」である。ストーリーは誕生から成長を語るもの、人間社会の美しさ、醜《みにく》さをテーマとするもの、動物との関わりを示すものなどさまざまだが、多くは「めでたし、めでたし」と結ばれる。

神話は、神々を主人公として宇宙や国、人間、自然の起源について説明する物語である。信仰や祭儀《さいぎ》と結びつくことによってできあがり、伝承され、人間の生活の規範ともなった。『古事記《こじき》』『日本書紀《にほんしょき》』には神々が誕生する話、日本の形成に関する話など、大和朝廷《やまとちょうてい》が中央集権体制を固めるためにつくられたものが多く記載

昔話の位置づけ

民間説話（民話）

長い間、日本各地で民衆に語り継がれてきた物語すべて

世間話
日常生活のなかで起こりうる事柄を、実際にあったように語る民間の物語

昔話
- 空想的な世界を舞台にした架空の登場人物による散文の物語
- 時代・場所・人物が特定されない
- 信じられることを前提としない

伝説
民間で流布した散文の物語。特定の時代・場所・人物と結びつたものが多い

神話
神々を主人公として宇宙や国、人間、自然の起源について説明する物語

されている。これとは別に、山や川、湖沼《こしょう》などの起源を語る民間の神話や、地域の神仏の由来を説く中世の神話もある。

伝説は、民間に流布《るふ》した散文の物語という点では昔話と共通する。

ただし、昔話は物語のなかの時代・場所・人物が特定されていないのに対して、伝説は具体的な時代・場所・人物と結びつく物語であり、地域や史跡の固有な物（山、川、池沼《ちしょう》、石、樹木など）の由緒《ゆいしょ》を語る。だから、時代・場所・人物が不特定か特定かで、昔

話と伝説を区別することができる。

なお、「浦島太郎《うらしまたろう》」「桃太郎」などは、昔話が伝説化したケースもある。

世間話は地域や共同体での変わった出来事を話題とし、語り手は実際にあったように経験・伝聞として語るもので、うわさ話ともいう。

狐《きつね》や狸《たぬき》に化かされた話などいつの時代にも存在し、特に現代の都市社会で生まれたそれを「都市伝説」という。たとえば「口さけ女」「人面犬《じんめんけん》」、幽霊話などだ。昔話に見られる様式性はうすく、伝説とは違って語り手が自分の身近《みぢか》で起こったことのように語る。

民話は、長い間、日本各地で民衆に語り継がれてきた物語すべてを指している。昔話、神話、伝説、世間話をひっくるめて民間の説話とし、それを縮めて用いた造語である。

最初に民話という言葉を使ったのは昭和時代の民俗学者・関敬吾《せきけいご》とされる。その後、昭和二十年代に劇作家・木下順二《きのしたじゅんじ》が民衆の文芸を評価して『夕鶴《ゆうづる》』を創作して広まり、昭和四十年代頃からは、児童文学作家の松谷《まつたに》みよ子などが昔話の文芸性を問い直し、「民話」として捉《とら》え、原話を再創造することも積極的におこなった。

昔話や伝説などに新しい光を当てたのである。以後も、たとえば「民話の会」が活動している。

しかし、明治から昭和時代の日本民俗学の創始者・柳田國男《やなぎたくにお》は、その著『日本昔話名彙《にほんむかしばなしめいい》』で「冒頭に必ずムカシという一句を副《そ》えて語る『ハナシ』が昔話であり、この発端の句が昔話という名称の起こりでもある」と述べ、昔話と呼ぶべきだと主張した。

実際、東北地方では昔話を「むかし」「むかしっこ」と呼んでいる。彼は昔話を日本の伝統的な民俗文化の分析に大切な資料と見なし、昔話を文芸面の関心から再構築（再話《さいわ》）したり、現代の話まで範囲を広げることに批判的であった。

つまり、伝承性に注視すると「昔話」が最もかなっている。言い換えれば、昔話は民話の一領域ということになる。

ちなみに、民俗学や口承文芸の学界では、昔話を指す学術語《テクニカルターム》として民話は使わない。また民間説話は、現在では説話文学などの古典説話に対する概念として用いることが多い。

第一章
昔話への誘い

昔話の歴史
――時代とともに変容してきた昔話の歩み

◇昔話の起源

文学作品は文字で書き表されるのでその歴史をたどりやすいが、昔話の起源を正確に知ることはかなり難しい。昔話は口伝えによって受け継がれてきたものであり、同じ物語でもいくつかの型がある場合、ひとつひとつが異なる歴史を有していて、どれが古いとすることが困難だからだ。

人間が最初に語りだした民間説話は、「火種盗み《ひだねぬす》」「穀物盗み《こくもつぬす》」「土の人《つちひと》がた」などであろう。「火種盗み」は人がはじめて火を使いはじめたときの話、「穀物盗み」は作物の栽培をはじめたときの話、「土の人がた」は土器を製作しはじめたときの物語だと考えられる。外国にも類似の物語があり、多くは神話として語られている。つまり、人間の歴史における極めて重要な出来事という普遍的な物語であり、昔話としても最初にできあがった可能性が高い。

昔話関連年表

時代	年	出来事
古代		日本にはまだ文字がなく、神話や伝説が口承によって伝えられていた
奈良	712 713 720	『古事記』が編纂される 『風土記』の提出命令が出る 『常陸国風土記』に「浦の嶋子伝説」が収載される 舎人親王らによって『日本書紀』が編纂される
平安	前期 12 世紀前期	『竹取物語』が成立する 『今昔物語集』が成立する
鎌倉	1220 前後	『宇治拾遺物語』が成立する
室町	15 ～ 16 世紀 1593	お伽草子（室町物語）が登場する。『浦島太郎』『一寸法師』『酒呑童子』『物くさ太郎』『鉢かづき』などがこの頃に成立 キリシタン版『伊曽保物語』刊行。以降、1659 年まで日本語版、絵入り本が続く
江戸	1729 中期以降 17 世紀末 18 世紀後半 19 世紀	渋川清右衛門が渋川版の御伽文庫 23 編を刊行 草双紙が流行する 赤本が登場する 黄表紙が登場する 滝沢馬琴が『燕石雑志』を刊行。昔話考証がはじまる
明治	1876 1879 中頃 中頃 1885 1894 20 世紀初頭 1910	小森宗次郎が小型絵本を刊行する。多色刷の絵本が主流になる 坂田善吉が中本型絵本の 10 冊シリーズを刊行 『グリム童話』の翻訳本が相次いで出版される 昔話が教科書に採録される。唱歌にもなる 『日本昔噺』シリーズの英語版ちりめん本が発刊される 巌谷小波が博文館より『日本昔噺』シリーズを刊行 日本各地の昔話の調査がはじまる 柳田國男が『遠野物語』を刊行する
大正	1918 中頃	鈴木三重吉が児童雑誌『赤い鳥』を創刊 童話口演が人気を博す
昭和	1936 1945 1949 1950	大日本雄弁会講談社が絵本シリーズを発行開始 太宰治が『お伽草紙』を著作する 木下順二が『夕鶴』を発表し、その公演が評判になる 関敬吾が『日本昔話集成』の刊行をはじめる

一方、外国からは六世紀の飛鳥《あすか》時代に、仏教とともにインド生まれの説話が伝えられた。たとえば『ジャータカ』と呼ばれる釈迦《しゃか》の過去世《かこぜ》の物語が漢訳された仏典で伝わってきて、それを日本の僧侶たちが民衆に語り聞かせた。昔話のなかには寺院での説教を通して広まったものも多い。

奈良時代（八世紀）には神話や各地の言い伝えをまとめた『古事記』『日本書紀』『風土記《ふどき》』が編纂《へんさん》された。

そこには昔話のもととなった物語がいくつも記されている。『古事記』中巻や『肥前《ひぜん》国風土記』などには「蛇聟《へびむこ》（婿）入り—苧環型《おだまきがた》（釣糸型《つりいとがた》）」の物語（三輪山型《みわやまがた》と総称）が載っており、『日本書紀』雄略《ゆうりゃく》天皇二十二年条や『万葉集《まんようしゅう》』巻九には「浦島太郎」のルーツである「浦の嶋子《しまこ》伝説」が見られる。

平安時代に入ると、九世紀後半頃に民間説話の「かぐや姫《ひめ》」を仮名文《かなぶん》によって読み物化した最初の物語文学『竹取物語《たけとりものがたり》』が登場した（「かぐや姫」の源流は、大陸の「斑竹姑娘《パヌチウクーニャン》」だとする説もある）。

さらに平安時代末期（十二世紀前期）には仏教色のある説話集『今昔物語集《こんじゃくものがたりしゅう》』が、鎌倉時代前半（十三世紀）には説話集『宇治拾遺物語《うじしゅういものがたり》』が成立し、古くから伝えられてきた説話が広く知られるようになった。

こうした古典には、いまに伝わる昔話と同じものがいくつも記載されている。また、古典をもとに民間説話化した物語も少なくない。

◇民間説話の絵巻、絵本「お伽草子（室町物語）」

その後、一五、一六世紀の室町時代後期から一七世紀前期にかけて、のちに「お伽草子《とぎぞうし》（室町物語）」と呼ばれるようになる絵入りの短編物語が登場した。草子（草紙）とは紙をとじ合わせた書物のことで、その数は四百種以上にのぼる。

そのなかに、さまざまな民間伝承を元にした作品が数十種あり、これによって、いまでいう昔話と同じ物語が当時たくさんあったことが知られる。また、作品は江戸時代には挿絵《さしえ》つき版本《はんぽん》となって広く親しまれていた。代表的な民間説話系の作品に『浦島太郎』『一寸法師《いっすんぼうし》』『酒呑童子《しゅてんどうじ》』『物《もの》くさ太郎《たろう》』『鉢《はち》かづき』などがある。

「お伽」とは、話をして退屈をまぎらわすことを意味する。当時の武将たちは戦《いくさ》のないときに、「お伽衆《とぎしゅう》」と呼ばれる話し上手な芸能者から世上《せじょう》の話や故事を聞いて楽しんでいた。また「伽」は興味関心を同じくするその状態もいう。したがってお伽草子という呼称には、物語をして仲間が睦《むつ》みあう、話を語って聞かせるという意味が込められている。

物語の絵巻は平安時代後期からつくられはじめ、室町時代にはお伽草子絵巻がたくさん出まわった。そして一六世紀後半に、絵草子屋《えぞうしや》が持ち運びに便利な挿絵付きの冊子を制作販売するようになった。この肉筆の絵を綴《と》じた写本《しゃほん》を奈良絵本《ならえほん》という。

◆江戸時代に登場した庶民向けの昔話絵本

お伽草子は庶民のあいだでも人気を博したといわれるが、当初の愛好家はやはり貴族や武家たちの上流階級だった。しかし江戸時代の一七世紀後期に、大坂の版《はん》元《もと》・渋川清右衛門《しぶかわせいえもん》が計二三種の短編物語を絵本にして『御伽文庫《おとぎぶんこ》』（渋川版）と名づけて刊行してから、町人などのより広い層にまで普及した。

さらに江戸時代中ごろから末期にかけて、草双紙《くさぞうし》といわれる絵入りの大衆向け読み物が出まわった。とくに注目すべきものは初期に刊行された赤い表紙の赤本《あかほん》である。『鉢かづきひめ』や『らいこう山入《やまいり》』といったお伽草子をもとにする作品から、「桃太郎」「猿蟹合戦」「猿の生き肝」「文福茶釜《ぶんぶくちゃがま》」などの昔話までが、子ども向けのわかりやすい絵本となって出まわった。これが民衆の口承文芸の世界に大きな影響を与え、地域の昔話の掘り起しの呼び水となった。

◆近現代の多様な昔話世界

明治時代になると、昔話を語り伝える環境はいっそう変容していく。

まずイソップ動物寓話《ぐうわ》が翻訳され、多くの人がそれを読むようになった。続いて、草双紙とほぼ同じ大きさの冊子で多色刷りにした絵本が登場した。外国人に日本文化を紹介するために縮緬本《ちりめんぼん》『日本昔噺《むかしばなし》』シリーズが刊行され、日本の昔話が英語、フランス語、ドイツ語、スペイン語などに翻訳さ

『日本昔噺』シリーズ

明治20年代に発刊された『日本昔噺』シリーズ。絵が格調高いこともあり人気を集めた（博文館）

れている。

さらに児童文学作家・巌谷小波《いわやさざなみ》が博文館から出した『日本昔噺』シリーズも、その後の子ども向け昔話の見本となったという意味で無視できない。

やがて二十紀初頭には、柳田國男が岩手県遠野郷《とおのごう》の民間伝承を、地元の民俗研究家・佐々木喜善《ささききぜん》の報告によってまとめた『遠野物語《とおのものがたり》』を発刊したことをきっかけに、日本各地に伝わる昔話の調査がはじまった。そして、その跡を引き継いだ関敬吾らによって、各地の膨大な昔話が発掘・体系化されてきた。その種類は優に千種を超える。

大正から昭和にかけての戦争の時代には、愛国心の育成や国威発揚《こくいはつよう》につながるような内容に変えられたりした。太平洋戦争後しばらくは、多くの日本人が欧米文化に関心を寄せ、伝承的な物語を顧《かえり》みないこともあった。しかし、昔話の伝承は衰えたとはいえ民俗社会では続いており、昭和時代の終わり頃でも百話、二百話を記憶する語り手もいた。

また、民話と呼んで民衆文化の意義が提唱されたこともあり、昔話は再び注目されることになったのである。

第一章
昔話への誘い

昔話の系統圏と分類
——三つの系統と四つの分類

◇本土・アイヌ民族・南西諸島、それぞれの昔話

昔話には、民族特有の思惟《しい》（考え方）と地域の民俗文化が色濃くあらわれる。日本の場合、それを構成する大多数が日本民族（いわゆる大和《やまと》民族）であり、国土もさほど大きくない。したがって、昔話の系統もひとつだけだとされがちである。

しかし日本に伝わる昔話は、日本民族の昔話とアイヌ民族の叙事文芸に二分される。さらに前者は、本土の昔話と南西諸島（沖縄《おきなわ》と奄美《あまみ》地方）の昔話に分けられる。日本民族の昔話を国際的に捉《とら》えてみると、外国の昔話に比べて地域性の強いことが特徴である。これは、昔話の伝承形態が祖父母や親から子や孫へ、その地方の方言をもちいて語り継がれてきたことによると考えられる。また、伝説化をたどる昔話が比較的に多いのは、物語に事実性を求める傾向からであろう。

アイヌ民族はかつて北海道とその周縁で暮らし、狩猟中心の生活を長く続けた。

大地自然の恵みを大切にし、また固有の文字をもたなかったため、口承文芸を豊かに築きあげた。

その伝承物語は大きく三つある。カムイユーカラ（神話）、ユーカラ（英雄叙事詩《えいゆうじょじし》）、ウェペケレ（節《ふし》をつけずに口語の散文で語られる昔話）である。これらは基本的に一人称で語られ、語り手が主人公ともなっている。

南西諸島の人々は民族分類からすると日本民族だが、温暖な気候のもとで海上の生業《なりわい》が発達し、大陸との交易もさかんにおこなってきたので独自の文化を形成した。昔話も独特の世界観を描き出している。

その特徴は沖縄本島、宮古《みやこ》諸島、八重山《やえやま》諸島の三つの文化圏で分かれ、ともに叙事性に富んだ物語を多く伝える。

また、沖縄本島は笑い話が目立ち、宮古島は神話性が濃く、八重山諸島は動物が主人公の話が多いとされる。

◇日本の昔話の分類

次に日本の昔話の主題（テーマ）と型《かた》（タイプ）を見てみよう。フィンランドの

日本の昔話の系統

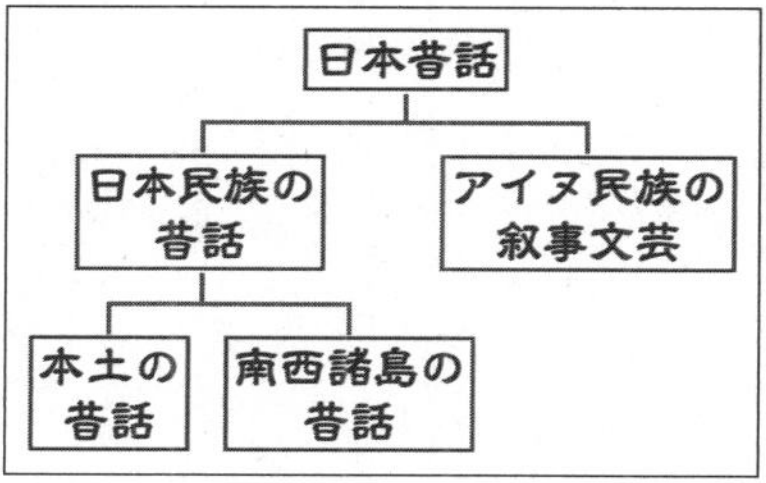
日本昔話
日本民族の昔話
アイヌ民族の叙事文芸
本土の昔話
南西諸島の昔話

アイヌ民族の叙事文芸
アイヌ民族の歴史が刻み込まれた物語
南西諸島の昔話
日本民族の昔話
日本人が古くから伝えてきた昔話
本土の昔話

アンティ・アールネ、アメリカのスティス・トンプソンが世界各地で伝えられている昔話を類型化してまとめた『昔話の型』という話型カタログを参考にすると、日本の昔話は本格昔話、動物昔話、笑い話、形式譚《たん》の四つに分類される。

本格昔話は、人間を主人公とし、複雑な構成をとる。人間社会の出来事や、人間の誕生から成長、結婚、富の獲得、子孫の繁栄といった一生を物語ったり、特別な能力、異界《いかい》訪問などをテーマとしたりする。たとえば「桃太郎」や「一寸法師」では、主人公の不思議な誕生、成長後の活躍などが一代記ふうに語られる。「食《く》わず女房《にょうぼう》」や「蛇婿入り」などのように、民俗における年中行事と深く関わる物語もある。

動物昔話は動物を主人公とし、動物社会での出来事を語る。複雑な構成をとるものと、単純なものがある。人間社会を動物社会になぞらえて娯楽性を強めたり、風刺を込めたり、動物の起源、姿、形、習性について説明する。「猿蟹合戦」などがこれに当たる。イソップ動物寓話などと同じく、説話文学の動物説話やお伽草子の異類《いるい》物語と関連する。

笑い話は聞き手を笑わせることを目的とする滑稽《こっけい》な物語をいう。主人公は人間の

昔話の4つの分類

本格昔話	動物昔話	笑い話	形式譚
人間が主人公。人間社会の出来事や誕生から成長、結婚、富の獲得、子孫の繁栄など、主人公の一生をテーマとする	動物が主人公。動物の社会に人間社会をなぞらえ風刺したもの、動物の起源、姿、形、習性について語るものなどがある	聞き手を笑わせることを目的に語られる滑稽な話。現在、落語や講談として語り継がれるものもある	話し手が話の場を切り上げようとするとき、同じ語句を反復したりして聞き手にそれとなく知らしめる話
「桃太郎」「一寸法師」など	「猿蟹合戦」「くらげ骨なし」など	「旅学問」「尼の仲裁」など	「長い話」「はなし（歯なし）」など

場合も動物の場合もある。おどけ者やとんち者の話題など、弱い立場の者が強い立場の者をこらしめたり、身分の低い者が高い者をやりこめたり、無知による失敗を披露し、事を大げさに語ったりして痛快《つうかい》な笑いを喚起《かんき》する。江戸時代の咄本《はなしぼん》（笑話集）や、落語《らくご》に取り入れられた話も少なくない。

形式譚は、昔話を次々にせがむ子どもたちをはぐらかしたり、寝かしつけるための物語である。「昔むかしあったとさ。あるところには蟻《あり》ごの糞《くそ》があったとさ。ねいところには猫の糞があったとさ。それっきり」といった具合に、テーマは特になく、語りのリズムやしゃれなどの言葉遊びを重視する。「長い話」「はなし（歯《は》なし）」などがよく知られている。

第一章
昔話への誘い

昔話の特徴
――古今東西、老若男女を惹きつける昔話の魅力

◇遠い世界でのあり得ない出来事

昔話では、現実社会とはかけ離れた世界で、あり得ないような出来事が繰り広げられる。それにもかかわらず私たちが楽しんだり共感したりできるのは、物語の成り立ちとテーマに普遍性があるからである。

日本の昔話の第一の特徴はストーリーの運びかたにある。最初の二、三行で時、場所、主な登場人物が紹介され、すぐに事件のはじまりとなり、一気に核心へと迫っていく。複雑な展開をみせるものもあるが、基本的には一本の線を真っすぐ進んで脇道にそれず、時間的に過去に戻る回想シーンなどは少ない。その結果、主題の提示が明快になっている。

また、同じ物語でも地域によって展開が異なるケースが多々ある。最終局面まで同じであっても、A地域ではハッピーエンド、隣接するB地域ではバッドエンド、

または東日本と西日本で内容が違うということも珍しくない。それは変容しやすい口伝えで長いこと語られてきて生じた現象である。

地域性といえば、はじめの文句（発端句）と終わりの文句（結末句）も地域によって違う。「昔むかし、あるところに」「めでたしめでたし」が最もよく知られているが、たとえば岩手県では「むがしあったずもな」と語りだし、「どんとはれ」とおさめる。島根県大田《おおた》市では「とんと昔」ではじまり、「それかっぽし」で終わる。結末句に「とびのくそ」「どじょうの目」「申し申し米《こめ》ん団子《だんご》」といったユニークな言葉を付ける地域もある。聞き手はそれを楽しみに耳を傾け、郷土の物語であると誇りに思ったりする。

さらに、外国に目を向けてみると、昔話はその展開やモチーフに国際的に共通するものが多い。たとえば『グリム童話』や『イソップ寓話』には日本の昔話とよく似た物語が散見される。古代インドの説話集『パンチャタントラ』や釈迦の過去世物語『ジャータカ』のなかにヨーロッパのメルヘンによく似た話がある。

こうした古今東西の物語の類似関係については、ある民族や国の昔話が長い時間をかけて世界中に伝播《でんぱ》していったとか、あるいは思想や感情は民族の違いを超えて同じだからだという考え方が提唱されている。

◇登場人物と舞台設定

日本の昔話は、内容面でもさまざまな特徴がみられる。

登場人物は老若男女《ろうにゃくなんにょ》、童児《どうじ》など各種にわたっているが、どれもみな分かりやすい人物である。善人か悪人、優しいか意地悪、正直者か嘘つき、金持ちか貧乏人、知恵者か愚か者といった具合に、キャラクターがはっきりとしており、中途半端な人物はまず語られない。このように類別化されていることと、テーマが明快であることはつながっている。

また、現実社会ではあり得ない個性豊かな人物が多い。たとえば「桃太郎」「あくと太郎」「かぐや姫」「瓜子姫《うりこひめ》」のように主人公が特異な形で誕生する物語が少なくない。人間の言葉を話し、人と同じ生活をする動物もしばしば登場する。どれも超人的であり、それゆえに物語が魅力的になる。

そうした多様な主人公は、選ばれた者として異郷《いきょう》や異界を訪問する。異界に迷いこんで不思議な体験をしたり、逆に異界からやってきた訪問者と出会って事件に

典型的なキャラクター

善人

正直者の爺さん。欲張りな隣の爺さんと対比して描かれることが多い

悪人

欲張りな婆さん。ねたみから物まねをして、失敗する

怠け者

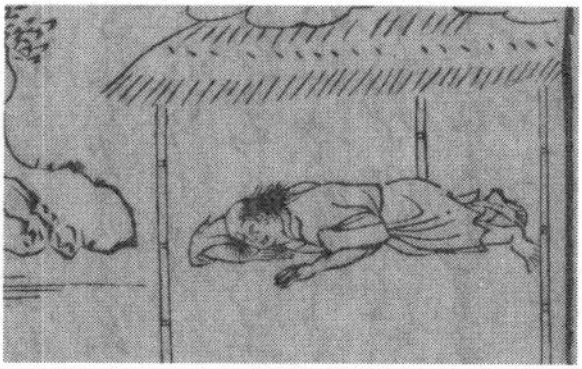

怠惰で愚か者のように描かれる男。だが実は好男子だったということも

英雄

ヒーローは常に才能と勇気の持ちぬしで描かれ、民衆の支持を得る

巻きこまれる。「浦島太郎」では主人公の浦島太郎が助けた亀の恩返しで竜宮城《りゅうぐうじょう》に連れられていき、歓待を受ける。「鬼《おに》の子小綱《こづな》」では異界から鬼が追いかけてきて、主人公たちは必死で逃げる。「龍宮童子《りゅうぐうどうじ》」では異界の汚ない子どもが出現して、若者が長者となったり、貧乏に戻ったりする。そうした別世界との行き来《き》が物語を盛りあげる。

しかし本来、異界は人間が立ち入れない場所である。侵入した結果、タブーに触れ、悲しい結末を迎えることも多い。このタブーというのも、昔話にしばしば出てくる。昔話におけるタブーは、飲食や服装などの宗教上の禁止とは違って、「ここから先には行ってはいけない」「この部屋をのぞいてはいけない」など約束事の意味合いが強い。そして登場人物がタブーを破ると、物語の展開は大きくふたつのケースに分かれる。

ひとつは、主人公が禁止事項を破ったために身を危険にさらす。ふたつ目はどうしても欲や誘惑を抑えきれなくなり、最後にタブーを犯して不幸を招いてしまう。日本の昔話では、「鶴《つる》女房」や「浦島太郎」「隠れ里《かくざと》」「見るなの座敷（うぐいすの浄土《じょうど》）」など後者のケースが圧倒的に多い。

ウラシマ

「開けてはいけない」「見てはならない」といった禁忌を
おかした場合、その人物には往々にして不幸が訪れる
(『ウラシマ』榎本法令館より 国会図書館提供)

昔話はタブーを語ることで、異界が恐ろしい世界であると示し、人間社会を舞台とする「猫の秘密」「言うなの地蔵《じぞう》」などから子どもたちは約束を守ることの大切さを心に刻みつける。

そして、変身も昔話に欠かせない重要なモチーフである。人が姿を変えたり、動物が人に変身したりする。「一寸法師」では、豆粒のような小さい男児が打《う》ち出《で》の小槌《こづち》で変身して立派な大人になる。また、動植物が人となってあらわれ、人間と結婚するという異類婚姻譚《いるいこんいんたん》も多い。しかし、ほとんど最後に正体がばれてしまい、悲しい結末を迎えることになる。

さらに変身に似たものとして変化《へんげ》がある。妖怪《ようかい》（化《ば》け物《もの》）の物語がそれである。「食わず女房」は頭に大きな口をもつ女が登場し、男を恐怖に落としいれるが、西日本では蜘蛛《くも》が化けたものとされる。「宝《たから》化け物」「山寺の怪《かい》」では物が姿を変えてあらわれ、また、河童《かっぱ》、天狗《てんぐ》も妖怪として物語られている。

竜《りゅう》のような神に近い存在や、鬼などの不気味な異形《いぎょう》は人間にはない不思議な力をもち、怪異現象を起こし、人間社会に災厄《さいやく》をもたらす。先人が自然を畏敬《いけい》して、また未知なるものに対する不安からつくりだした存在である。

第二章

実はこんなに奥深い！

五大昔話の世界

第二章
五大昔話の世界

桃太郎

――物語の背景にある朝廷による豪族退治の歴史

◇爺さんと婆さんが赤子を生む話もある

「桃太郎《ももたろう》」「花咲《はなさ》か爺《じい》」「猿蟹合戦《さるかにがっせん》」「舌切《したき》り雀《すずめ》」「かちかち山《やま》」は、日本の五大昔話といわれている。その筆頭格が、「桃太郎さん、桃太郎さん、お腰につけた黍団子《きびだんご》、ひとつ私にくださいな」の文部省唱歌《しょうか》で知られる「桃太郎」だ。

桃太郎は日本の元祖ヒーローとして、江戸時代の草双紙《くさぞうし》、明治時代以降は絵本や紙芝居、双六《すごろく》など、あらゆる分野で親しまれてきた。北は東北から南は沖縄まで幅広く分布しており、標準型のあらすじはこうである。

昔むかし、あるところに爺《じい》さんと婆《ばあ》さんがいた。ある日、爺さんは山へ柴刈《しばか》りに、婆さんは川へ洗濯《せんたく》に出かけた。婆さんが川で洗濯をしていると、どんぶらこ、どんぶらこと川上から大きな桃《もも》が流れてきたので、それを拾いあげて家

桃太郎

「鬼ヶ島へ宝物をとりにいく」と決意した桃太郎のもとに、犬、猿、雉がやって来る。3匹は団子をもらい、桃太郎のお供をする
（弘文社 国会図書館提供）

へ帰った。

　夕方、爺さんと婆さんが桃を眺めていると、桃がふたつに割れ、なかから男の子が飛び出す。ふたりは喜んで桃太郎と名づけた。

　大きくなった桃太郎は、鬼《おに》ヶ島《がしま》へ鬼退治に出かけることを決めた。途中、犬と猿《さる》と雉《きじ》に出あい、黍団子《きびだんご》を与えてお供に従え、鬼ヶ島に乗り込んだ。

　鬼たちの城に攻め入った桃太郎主従は、いっせいに鬼にとびかかる。犬がかみつき、猿がひっかき、雉が口ばしで目をつっついたところを桃太郎が斬りつけ、鬼を退治した。
そして鬼の大将から宝物を奪いとり、国に帰ってきた。

このほか、地域によっては桃を食べた爺さんと婆さんが若返って赤子《あかご》を生むとしたり、蟹《かに》や臼《うす》、蜂《はち》、栗《くり》、牛《うし》の糞《ふん》などをお供にして鬼退治に行くとする型もある。また、長野県で語られてきた話では、流れてきた桃を見た婆さんが「実のある桃ならこっちへこい、実のねえ桃はそっちへ行け」とはやし立てる描写が面白い。

桃については、神仙《しんせん》思想における豊穣《ほうじょう》の象徴と説明されるが、上流から流れてくる設定は水を伝ってあらわれるという田《た》の神《かみ》（漂着神《ひょうちゃくしん》）信仰が反映している。

◆桃太郎の原型とされる「温羅伝説」

この「桃太郎」には、じつは原型とされる伝承がある。それは吉備国《きびのくに》（岡山県）に伝わる「温羅《うら》伝説」である。諸説あるが、ここでは吉備津《きびつ》神社の縁起《えんぎ》（由緒《ゆいしょ》）を紹介しよう。

昔むかし、垂仁《すいにん》天皇（いまから二千年以上前）の時代に、吉備国に身《み》の丈《たけ》一丈《じょう》四尺《しゃく》（四・二メートル）以上もある百済《くだら》の皇子《おうじ》がやってきた。髪やヒゲは燃えるように赤く、その名を温羅といった。

新山《にいやま》に城を築いた温羅は、しばしば里に出て船や婦女子を襲ったため、人々は温羅の居城を鬼ノ城と呼んで恐れた。朝廷《ちょうてい》は温羅退治に名のある武将を差し向けたが、誰もかなわない。

そこで武勇の誉《ほま》れ高い吉備津彦命《きびつひこのみこと》を派遣した。

大軍を率いて吉備国に下ってきた吉備津彦命は鬼ノ城に矢を放つ。だが、その矢は温羅の放つ矢とことごとくぶつかってしまう。

一計を案じ、二本の矢を放った。すると一本が温羅の目に命中。温羅はたまらず雉、さらに鯉《こい》に化けて川に逃げ込む。吉備津彦命も鷹《たか》、さらに鵜《う》となって追いかけ、ついには温羅をつかまえて首を切り落とした。

温羅の首は不思議なことに何年も唸《うな》り続け、いつまでたっても鳴りやまなかったので、吉備津神社の釜殿《かまどの》の釜の下を掘って埋めた。それでも首は十三年間

鬼ノ城

標高 400 メートルの鬼城山頂にある古代朝鮮式山城。温羅が築いた要塞ともいわれる

矢喰宮

温羅の投げた岩にぶつかり海に落ちた吉備津彦命の矢を祀っている

吉備津神社

温羅との戦いの際、吉備津彦命が陣形を構えたとされる場所に位置する

温羅伝説にまつわる地

楯築遺跡

吉備津彦命は温羅の放つ矢を防ぐために、石の盾を築いたとされる

も唸り続けた。

この吉備津彦命が桃太郎で、温羅が鬼のモデルとされている。実際、岡山県には温羅の居城であった朝鮮式山城《やまじろ》の鬼ノ城跡や、矢がぶつかり合って落ちた場所に立つ矢喰宮《やぐいのみや》など、温羅伝説の跡が数多く残っている。

また、吉備津神社に古くから伝わる鳴釜《なりかま》（釜鳴《かまなり》ともいう）の神事（祈願したことが叶《かな》えられるかどうかを釜の鳴る音で占う神事）も、長年唸り続けた温羅の首の伝承に端を発しているといわれる。

それだけではない。温羅退治の際、吉備津彦命は犬飼健命《いぬかいたけるのみこと》、楽《さ》々森彦命《さきもりひこのみこと》、留《とめ》玉臣命《たまのおみのみこと》という三人の家来を従えていたと伝えられており、彼らが犬、猿、雉の原型となったとされる。とすれば、やはり吉備津彦命こそが桃太郎の原型である可能性は高い。

◆温羅は吉備発展の功労者か

しかし近年では、温羅＝鬼という説を否定する声も上がっている。温羅は暴虐《ぼうぎゃく》な鬼などではなく、吉備に製鉄技術を伝えた渡来系《とらいけい》の地方豪族だったのではないかというのだ。

ではなぜ、国の恩人とでもいうべき人物が悪者へ成りさがってしまったのか。その背景には朝廷《ちょうてい》の影が見え隠れする。

温羅のおかげで吉備は大きく発展したが、全国平定を目指す朝廷にとっては温羅の存在が疎《うと》ましかった。そこで温羅を討ち取り、自分たちを正当とする歴史を伝えることにしたというのである。

朝廷側からすれば、温羅は悪者でなければならなかった。そうした朝廷の全国統一物語を分かりやすく説いたのが、桃太郎の物語といえよう。

ただし世界的に見ると、「桃太郎」は「神の子としての英雄の偉大な事業」の物語の一型でもある。今後は温羅伝説だけではなく、特に東アジアの英雄物語伝承や、日本における鬼物語の代表である酒呑童子《しゅてんどうじ》伝説などに目配りして捉《とら》えていくべきだろう。

第二章
五大昔話の世界

花咲か爺

——可愛がられていた犬の爺さんに対する報恩譚

◆「ここ掘れワンワン」と吠える犬

子どものいない爺さんと婆さんが、白い子犬をたいそうかわいがって飼っていた。子犬は食べただけ大きくなり、やがて爺さんと畑に出るようになった。

あるとき、白い犬は爺さんを畑に連れだし、「ここ掘れワンワン」と吠える。爺さんがそこを掘ってみると、土中から大判《おおばん》小判《こばん》がざくざく出てきた。

この話を聞いた隣の欲張り爺さんは、むりやり犬を借りて吠えさせ、そこを掘り返した。ところが、出てきたのは汚いものばかり。怒った欲張り爺さんは犬を殺して埋め、その場に木を植えた。

爺さんが驚いて行ってみると、木は一晩《ひとばん》にして大木になっている。そこで、その木で臼《うす》をつくって餅《もち》をついたところ、大判小判がたくさん出てきた。

花咲爺

爺さんが灰をまいて枯れ木に花を咲かせると殿様は大いに喜び、たくさんの褒美をもらい受けることになった（弘文社 国会図書館提供）

隣の爺さんも臼を借りて餅をついたが、また汚いものしか出てこない。怒った隣の爺さんは臼を燃やしてしまったので、爺さんは灰を持ち帰ることにした。

そのとき、風が吹いてきて灰が枯れ木にかかり、見事な花を咲かせた。

後日、爺さんは殿様の前で灰をまいて花を咲かせ、たくさんの褒美《ほうび》をもらう。それをうらやんだ隣の爺さんがまねをすると、灰が殿様の目に入り、牢屋《ろうや》に入れられてしまった。

「花咲《はなさ》か爺《じい》」は「桃太郎」同様、最もなじみ深い昔話のひとつといえるだろう。ここに挙げたのは青森県の伝承だが、全国各地に分布しており、物語の形はさまざまである。たとえば、殿様が武士や長者《ちょうじゃ》に変わったり、犬の死体から生えてくる木が橙《だいだい》や梨《なし》、柿《かき》であったりする。犬が狩猟をしたり、黄金《おうごん》の糞をする伝承もある。

宮城県のそれは爺さんが殿様の前で灰をまくときに、「ちちんぷいぷい、黄金《こがね》さらさら、ちちんぷーぷー」という言葉を唱《とな》えている。お伽草子《とぎぞうし》『福富草紙《ふくとみそうし》』や昔話「鳥呑《とりの》み爺《じい》」では、こうした言葉が屁《へ》の妙音《みょうおん》をあらわすときにも用いられており、呪術性《じゅじゅつせい》を感じさせる。

また、中国や韓国に類話があり、不思議な力を持った犬が転生《てんせい》して主人公に富をもたらす。殺された犬を埋めた場所から木が天まで伸びて宝が降ってきたり、木に金がなるなどのくだりは、九州や沖縄のものと共通する部分も多く、関連性が注目される。

◆正直者もときには嘘をつく

「花咲か爺」の物語の構造は、典型的な「隣《となり》の爺型《じいがた》」であり、報恩報復《ほうおんほうふく》の考えかたが根底にある。しかし、正直な爺さんが隣の爺さんに嘘《うそ》をつく型があることも見逃せない。

正直な爺さんは二度もひどい目にあわされて我慢ならなかったのであろう、嘘を教える。その結果、隣の爺さんは灰を殿様の目に入れてしまい、家来たちに殴られ、縛られることになる。報復を期待する読み手としては爽快《そうかい》だが、少し意外な行動ともいえる。

もうひとつ、犬の変化も興味深い。犬は「犬↓木↓灰」と姿を変えながら、正直な爺さんに豊穣《ほうじょう》をもたらす。その一方で、隣の欲張り爺さんに対しては不幸をもたらすのである。

この犬については単に老夫婦の飼い犬とする設定のほかに、川から流れてきた小箱やひょうたん、桃に入っていたという設定も多い。それは水神《すいじん》やその使者の出現を意味している。

なお、「花咲か爺」は、灰をまくと雁《がん》が落ちてくる「雁とり爺」が基盤となっている。それが伝承の過程で結末が変わって完成したと考えられている。

第二章
五大昔話の世界

舌切り雀
——正直者の爺さんへの恩返しと意地悪な婆さんへの罰

◇あまりに対照的な人物設定

日本の昔話では、主人公の爺さんと婆さんはどちらも誠実な人柄で、仲良し夫婦であることが多い。五大昔話を見ても、「桃太郎」や「花咲か爺」に登場する爺さんと婆さんは仲睦《なかむつ》まじい様子がうかがえる。

しかし、「舌切り雀《したきりすずめ》」は例外だ。この物語では正直者の爺さんと、欲深く意地悪《いじわる》な婆さんを主役としている。

「舌切り雀」は全国各地に伝わっているが、ここでは江戸時代の赤本《あかほん》などで広く流布《るふ》したものを紹介する。

正直な爺さんが雀をたいそうかわいがって飼っていたが、ある日、雀が糊《のり》をなめたという理由で、隣の婆さんが怒って雀の舌を切って追いだしてしまう。

舌切雀

洗濯糊を舐めた雀の舌を、婆さんがハサミで切ってしまう。婆さんは優しい爺さんと対照的に、冷酷で欲張りな人物として描かれている（弘文社 国会図書館提供）

これを悲しんだ爺さんは、「舌切り雀、お宿《やど》はどこだ」といって雀を探す。やがて雀の宿に着き、手厚いもてなしを受けた爺さんは、帰り際に大小ふたつのつづらを出され、「どちらかひとつをお土産《みやげ》に持って帰ってください」といわれる。

爺さんは「自分はもう年だから」といって、軽いつづらをもらって帰った。家でつづらを開けてみると、そのなかには金銀や財宝が入っていた。

爺さんをうらやんだ隣の婆さんは、自分も雀の宿に押しかけ、重いつづらをもち帰る。そして家でつづらを開けたのだが、なかからは金銀ではなく、蛇《へび》や毒虫《どくむし》が飛びだしてきた。

正直者の爺さんが富を得て、欲張りな者がひどい目にあうというのは、昔話ではよく見る展開である。「舌切り雀」では婆さんへの懲《こ》らしめである。単に不幸な目にあうだけでなく、あまりに驚いて死んでしまったり、食い殺されてしまったりするパターンもある。婆さんを徹底的に悪者として描き、勧善懲悪《かんぜんちょうあく》の教訓話にしている。

舌切すゞめ

雀を心配して訪ねた爺さんがもらったつづらには宝づくしの土産が入っていた。その様子を欲張りな婆さんが覗き見ている（国会図書館提供）

◇難題を乗り越えた爺

ただし、右に引いた「舌切り雀」には、本来の伝承にあった部分が大きく欠けている。それは爺さんに課せられた数々の難題である。北陸や日本海側などをはじめ、いくつもの地域では、爺さんの試練を物語っている。

たとえば、牛や馬の汚い洗い水、小便、血などを大量に飲まされたり、大根や人参《にんじん》、さらに牛や馬の糞まで大量に食べさせられる。

爺さんはそうした困難を乗り越えて、雀を見舞いに行く。異郷《いきょう》（異界《いかい》）への旅は困難がともなうとし、もって雀への愛情を表している。

婆さんに難題が課される伝えもあるが、婆さんの場合、雀への愛情ではなく、宝物がほしい一心《いっしん》で汁を飲む。これは欲深さが強調された展開といえるだろう。異郷を訪れる物語「異郷訪問譚」では、難題なモチーフが認められる。しかし、「舌切り雀」では、子どもへの配慮からか、汚らしい場面が削られている。

なお、『宇治拾遺物語《うじしゅういものがたり》』には「雀、報恩の事」というタイトルで「舌切り雀」の原型とされる物語が載っている。

正直者の婆さんが腰を折った雀を介抱《かいほう》したところ、雀から白米のお礼をもらって豊かになった。隣の欲張り婆さんは白米ほしさに石を投げて雀の腰を折って看病したが、白米の代わりに虻《あぶ》、蜂《はち》、蛇《へび》などを与えられるというもので、「動物報恩譚」が中心のテーマになっている。

ふたりの老婆が主人公で、爺は出てこないが、これがのちに爺さんと婆さんに変わって、「舌切り雀」となったと考えられる。

第二章
五大昔話の世界

猿蟹合戦

――猿に虐げられた蟹とその仲間たちによる爽快な報復劇

◇ヨーロッパやアジアにも広く分布する物語

ずる賢《がしこ》い猿《さる》を懲《こ》らしめるために、蟹《かに》が仲間とともに戦いを仕掛けるという「猿蟹《さるかに》合戦《がっせん》」は、動物だけが登場する物語、すなわち動物昔話である。

全国各地に分布しており、話の展開にはさまざまなパターンがあるが、ここでは香川県で語られてきたものを紹介しよう。

あるとき、道を歩いていた蟹が握り飯を拾い、猿は柿《かき》の種《たね》を拾った。猿は蟹がもっている握り飯をほしくなり、「握り飯は食べてしまえば終わりだ。柿の種はまいておけば実がなるからいつでも食べられる」といって交換してもらった。

蟹は庭に柿の種をまいて水をやり、大切に育てた。そしてようやく実がなると、猿がやってくる。

猿は柿の木に登って実を食べたが、蟹は木に登れない。そこで蟹は猿に柿を取ってほしいと頼んだが、猿は青い実を蟹に投げつけ、蟹を殺してしまう。

死んだ蟹の腹から生まれた子蟹が泣いてると、そこへ蜂や栗《くり》、臼《うす》などがやってきて、蟹の味方をしてやることになった。

一行は猿の家に出向き、猿の留守中に待ち伏せする。蜂は桶《おけ》のなか、栗は囲炉裏《いろり》のなか、臼は戸口《とぐち》の上に隠れ、猿が帰ってくるやいなやそれぞれ攻撃する。

一行は猿を懲らしめて、ついには殺し、仇討《あだう》ちを果たした。


この昔話は、蟹を蟇蛙《ひきがえる》としたり、食べ物を餅《もち》としたりするケースもある。また、もともと前半と後半が独立して存在していたと考えられる。前半と後半で別々に語られることも多いからである。

たとえば、四国や九州では前半の部分が独立したものが目立ち、東北や中国地方には山姥《やまんば》（または猿、鬼）に卵を食べられた雀が仇討ちをする「雀の仇討ち」のように、後半の仇討ちの部分が独立したものが多い。

「猿蟹合戦」の類話

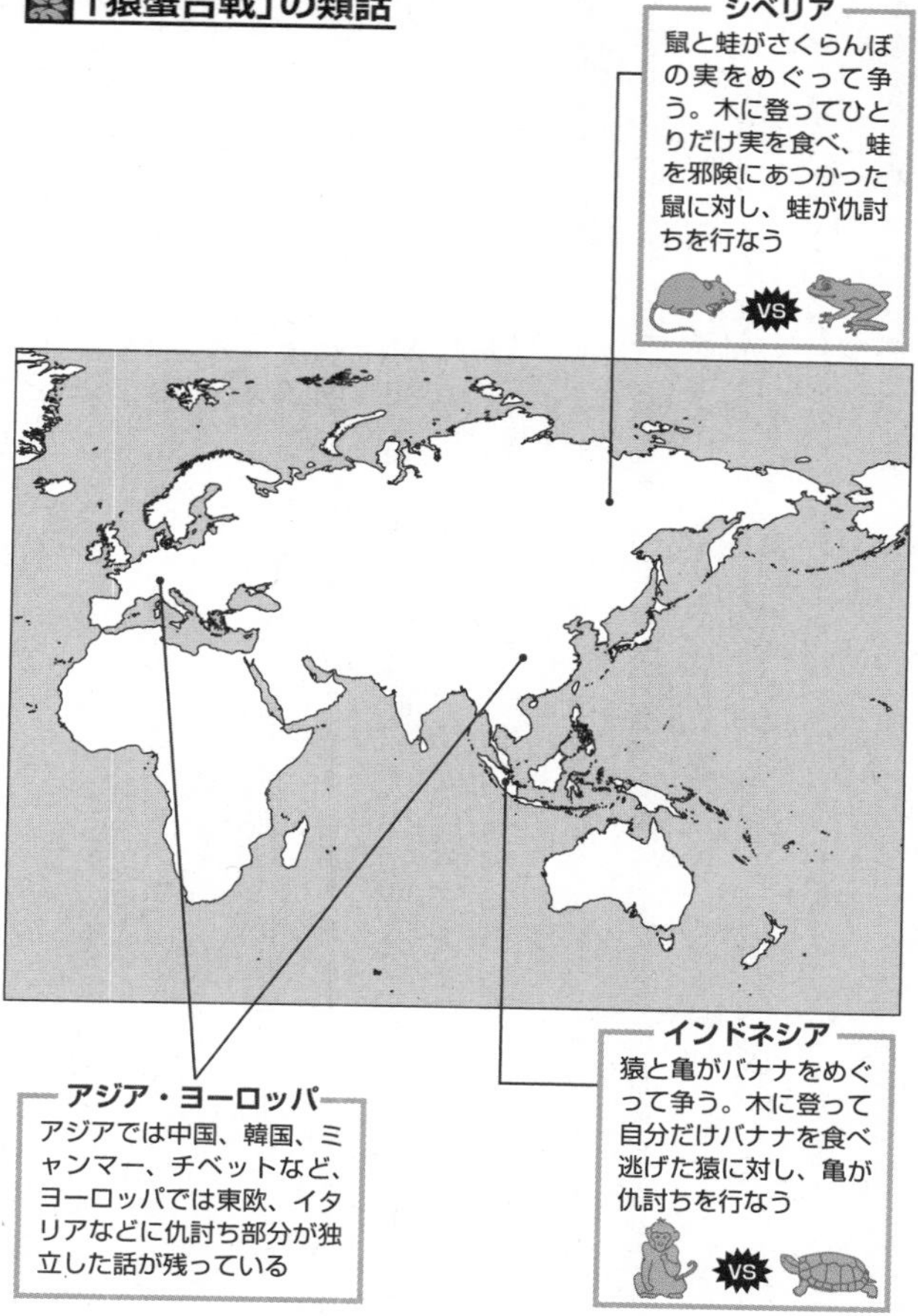
シベリア
鼠と蛙がさくらんぼの実をめぐって争う。木に登ってひとりだけ実を食べ、蛙を邪険にあつかった鼠に対し、蛙が仇討ちを行なう
VS
アジア・ヨーロッパ
アジアでは中国、韓国、ミャンマー、チベットなど、ヨーロッパでは東欧、イタリアなどに仇討ち部分が独立した話が残っている
インドネシア
猿と亀がバナナをめぐって争う。木に登って自分だけバナナを食べ逃げた猿に対し、亀が仇討ちを行なう
VS

日本だけでなく、外国にも類話が見られる。シベリアのツングース系民族には、鼠《ねずみ》と蛙《かえる》がさくらんぼの実をめぐって争い、鼠にやられた蛙自身が仇討ちする昔話があり、インドネシアには猿と亀《かめ》がバナナの実をめぐって争い、猿にやられた亀が仇討ちをする物語がある。

これらの伝承は、仇討ちの際に加担してくれる助っ人が登場せず、やられた者がみずから仕返しをするという形だが、日本のアイヌ、朝鮮、チベット、ヨーロッパのイタリア、スラブ系の民族などには仇討ちに助っ人が加わる後半部分が独立したものが伝わっている。

◇大掛かりな仇討ち

物語のハイライトは、後半部分の仇討ち場面であろう。蟹とその仲間たちが連携プレーで猿を懲らしめる様子は爽快《そうかい》でもある。仇討ちに加担する助っ人は蜂、栗、臼というパターンが一般的だが、江戸時代の赤本では卵、包丁《ほうちょう》、まな箸《ばし》、熊ん蜂、蛇、手杵《てぎね》、荒布《あらめ》、立臼《たてうす》、蛸《たこ》など非常に多くの助っ人が登場し、猿一匹を徹底的に痛めつけている。

猿蟹合戦絵巻

上図は猿が蟹に柿を投げつけて逃げる場面。下図は仇討ち場面で、臼や蜂以外に蛇や荒布、包丁なども助太刀として登場する（遠野市立博物館蔵）

現代人の感覚からすると、これほどの制裁が必要なのか、と疑問に思うかもしれない。しかし、古くからの物語は勧善懲悪の思想をまといやすく、また人々は派手で威勢のいい展開を好みがちだ。合戦を題材に事実と創作をまじえて仕立てた「軍記《ぐんき》物語」のように語られ、変容したのであろう。

第二章
五大昔話の世界

かちかち山

――爺さんに〝婆汁〟を食べさせる！ 狸の非情な悪巧み

◆動物による残酷な物語

「かちかち山《やま》」には人間も登場するが、兎《うさぎ》と狸《たぬき》を主人公とする動物昔話である。しかし決してほのぼのとしたストーリーではない。

現代の絵本からは削除されているが、本来は醜悪《しゅうあく》でむごたらしい場面が頻出《ひんしゅつ》する恐ろしい物語なのである。

そのあらすじを、江戸時代に出版された赤本で追ってみよう。

昔むかし、山へ薪《たきぎ》を取りに行った爺さんが、彼を化《ば》かそうとした狸を捕まえた。爺さんは狸汁《たぬきじる》にして食べようと考え、婆さんに調理を頼んで出かけたが、狸は婆さんをだまして縄を解《と》かせて、婆さんを杵《きね》でつき殺す。そして狸は婆さんに化けると、殺した婆さんを汁で煮て、婆汁《ばばあじる》にしてしまう。

カチカチ山

狸は婆さんを殺して婆さんの姿に変身、「婆汁」をつくり、それを「狸汁」と偽って、帰宅した爺さんに食べさせてしまう（榎本法令館 国会図書館提供）

爺さんが家に帰り、そうとは知らずに婆汁を食べると、婆さんに化けた狸は「婆食いの爺だ」と爺さんにいって山へ逃げていく。爺さんは「かわいそうなことをした」と悔《く》やんで涙を流した。

やがて爺さんのもとに兎がやってきて、狸退治を約束する。

兎は柴刈りに行き、言葉巧みに狸に柴を背負わせ、柴にカチカチと火をつけた。狸に「何の音か」と聞かれると、兎は「山の風の音だ」と答えて素知らぬふりをした。たちまち狸は背中に大火傷《おおやけど》を負い、兎を責めるが、兎は「鼬《いたち》の薬を塗ればなおる」といい、一緒に鼬のところに向かった。

兎と狸は土船《つちぶね》に乗り沖に漕《こ》ぎ出したが、土の船だから水でどんどん崩れはじめる。兎は走って逃げ、狸は水中へ転落してしまう。その様子を岸から見ていた爺さんは大いに喜んだ。

◆婆さんの惨殺、人肉食が語られる

物語では残酷な場面が三つ続く。

ひとつ目は、狸による婆さんの殺害場面である。江戸時代の読み物では、婆さんが麦をひいていた杵《きね》で突き殺すというのが一般的だが、婆さんをかがませて、臼に乗って突き殺すという凄惨《せいさん》な様子を描いた赤本もある。明治時代には手ぬぐいで絞め殺す様子を書いたり、婆さんの苦しむ表情を描写した生々しい絵本も登場した。

ふたつ目は、殺した婆さんを汁にして爺さんに食べさせる場面である。狸は爺さんが汁に口をつけたあとで「婆食った爺や」と真相を明かす。岩手県の伝承では「婆な食ってうまかった、まだ奥歯さ挟《はさ》まっている」、山梨県では「じんじい、ばん

カチカチ山

アルヒ ウサギハ タヌキヲ
シバカリニ ツレダシ
ソノ シバニ ヒヲツケテ
タヌキ ヲ ヤキ
コロソウ ト シマ
シタ
タヌキ ハ コレデ
オホヤケド ヲ
シマシタ

婆さんの仇討ちを引き受けた兎は、狸に薪を背負わせ、火をつけて大火傷を負わせた
（榎本法令館 国会図書館提供）

ばあ食ったか、ざまあみろ。流しの下の骨を見ろ、戸棚のなかの頭あ見ろ」と挑発する。人肉食、しかも長年連れ添った妻を食べてしまった爺さんの心情は推《お》して余りある。

三つ目は、兎による狸への報復場面である。兎は狸をだまして大火傷を負わせたうえ、宮城県などの伝えでは「火傷によく効く薬だから」とまたもや偽《いつわ》り、唐辛子《とうがらし》や芥子《からし》味噌《みそ》などのしみる薬を与えて狸を苦しめる。

ただし、狸は悪、兎は善とも言い切れない。兎の復讐《ふくしゅう》もかなり意地悪く残酷《ざんこく》なのである。敵討《かたきう》ちだからだとしても、狸をだまし討ちにし、執拗《しつよう》な仕打ちを加えている。

一方、あれほどずるがしこく残虐《ざんぎゃく》な狸も、後半では兎の言うことを簡単に信じてしまう「お人好し」へと変わっている。つまり狸と兎は、善悪両面の性質を兼ね備えた存在なのである。そのため、容易にだますものとだまされるものの立場が入れ替わるのだが、これは単純に善人と悪人とに区別できないという人間の本質を写しているともいえよう。

「かちかち山」は前半と後半の内容が大きく異なることから、もともと独立してい

カチカチ山

沈みかけた土船にしがみつく狸を、兎が櫂で叩きのめす。見方によっては残酷ですらある（弘文社 国会図書館提供）

たふたつの物語が合わさって成立したものと考えられる。そう見れば、狸の性格の変貌ぶりも納得がいく。完全な形の物語は、滝沢馬《たきざわば》琴《きん》によって文化《ぶんか》八（一八一一）年刊『燕石雑志《えんせきざっし》』巻四に書き止められている。

なお、外国にも「かちかち山」の類話がある。シベリアのツングース系の民族の伝承ではトリックスターとしての狐が主人公になっている。中国の雲南《うんなん》省や東南アジアでは兎が虎を誘って火傷を負わせるというモチーフをもつ物語が知られている。

第三章

意外なルーツが見えてくる！

昔話を楽しむ

第三章
昔話を楽しむ

かぐや姫

──昔話「竹姫」と国民的物語『竹取物語』

◆竹から出現した天女

かぐや姫《ひめ》は平安時代の物語文学『竹取物語《たけとりものがたり》』の主人公である。その物語は、明治から昭和時代のはじめにかけて、子ども向けに編《あ》み直されて広まり、それが口語りされたこともあって、やがて伝承《でんしょう》物語として享受《きょうじゅ》されるようになった。つまり、かぐや姫の物語は古来の民俗社会における昔話とは見なしがたいのだ。

かぐや姫の物語が昔話の場で語られるようになった背景には、「瓜子姫《うりこひめ》」「竹《たけ》の子《こ》童子《どうじ》」「難題聟《なんだいむこ》」「天人女房《てんにんにょうぼう》」といった昔話の存在がある。これらの昔話における不思議な誕生、小《ち》さ子《ご》、難題《なんだい》、宝物、昇天《しょうてん》などのモチーフは、かぐや姫の物語と共通している。そのため、かぐや姫は昔話として受け入れられ、語られるようになったと考えられる。

それは口承文芸関係の学界で「竹姫《たけひめ》」と呼ばれ、鹿児島県の下甑島《しもこしきじま》では次のような形で伝わっている。

貧乏《びんぼう》な爺《じい》さんがいて、竹山で仕事をしていた。ある日、きれいな竹を伐《き》ったところ、なかから美しい女の子が出てきた。爺さんはその女の子を大事に育てた。ひとつがふたつになり、ものをいうようになって、十になった。すると娘は、「爺さん、爺さん、長らくありがとうございました。私は天に昇るときがきました」という。「お前が杖柱《つえばしら》（頼りにする人）だから、出て行っては困る」と爺

月宮迎

竹の筒のなかに入っていた小さな女の子は、美しい女性に成長し、やがて月へと帰っていく（月岡芳年『月百姿』より）

さんがいうと、「赤いめしげ（貝などでつくった杓子《しゃくし》）と杓子を置いていくから、何の暮らしの心配もいらんから」といって、娘は飛んで行った。爺さんが竈《かまど》の前へ行くと、赤いめしげと杓子があった。釜《かま》に水を入れてめしげを入れると飯ができ、鍋に水を入れて杓子を入れると汁ができた。爺さんはそれを食べ、死ぬまでこわいもの（強飯《こわめし》）は箸《はし》ばかりで暮らしたということである。

一方、福井県遠敷郡《おにゅうぐん》の伝承はこのようになっている。

爺さんは籠屋師《かごやし》をしていた。ある日、大きな竹の一節を伐って持ち帰って割ろうとすると、なかから女の子が出てきた。その子に「かごや姫」という名前をつけ、大事に育てていると、十五夜の朝、天からかごや姫を呼ぶ母の声がする。爺さんと婆さんはかごや姫を座敷《ざしき》に入れて隠したが、細目に開いてみた瞬間、天に呼び戻されてしまった。

さらに石川県にも次のような伝承がある。

爺さんが竹を伐ると、なかに小さな子どもの格好をした神様がいた。あまりに美しいので、あちらこちらから嫁にのぞまれたが、みな断った。王様が嫁に欲しいといってきたのも断った。そして、六月十五夜の晩に舞い上がった。

いずれにも、かぐや姫の物語の影響が見受けられるが、昔話の場で語られており、れっきとした民間説話である。

◇千年以上も前の物語

では次に、一一世紀の『源氏物語《げんじものがたり》』で「ものがたりの出《い》で来《き》はじめの親」と称された日本最古の物語『竹取物語』のあらすじを紹介しよう。

ある日、竹取の翁《おきな》が山で竹を伐っていると、根元の光る竹があり、その竹の筒《つつ》のなかに、身の丈《たけ》三寸《すん》（約九センチメートル）ほどの女の子がいた。この女の子は竹取の翁に育てられ、「なよ竹のかぐや姫」と名づけられた。

やがて姫は美しい女性に成長する。その美しい姿に虜《とりこ》になった貴族たちが次々と姫に求婚してきた。姫は取り合わなかったが、五人の貴公子《きこうし》はどうしてもあきらめようとしないので、それぞれに難題を課した。

しかし結局、五人とも失敗に終わる。ついには帝《みかど》も噂を聞きつけて姫との結婚を望んできたが、やはり姫は応じなかった。

そのうち姫は月を見ては物思いに沈むようになり、八月の満月《まんげつ》が近づくとみなの前で泣きはじめる。そして自分は月の世界の者で、八月十五日の満月の夜に帰らねばならないと告《つ》げる。当日、天人《てんにん》たちが迎えにやってきて、姫は天へと帰っていった。

かぐや姫は天に帰る前に、帝に不老不死《ふろうふし》の薬を贈った。悲しみに暮れる帝が山の上で薬を焼いてしまうと、その山は煙を上げはじめ、「不死の山」と呼ばれるようになった。

『竹取物語』の舞台

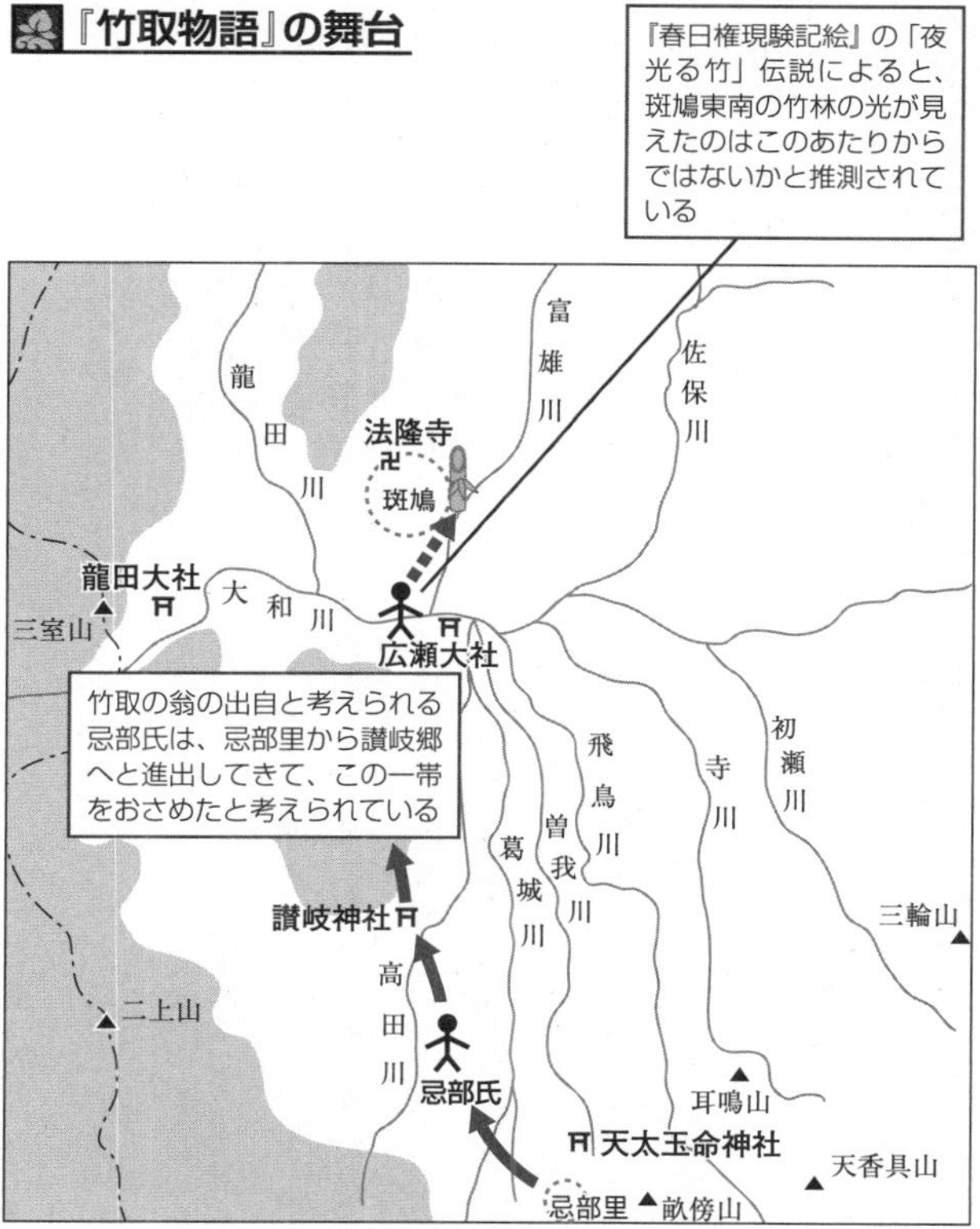
『春日権現験記絵』の「夜光る竹」伝説によると、斑鳩東南の竹林の光が見えたのはこのあたりからではないかと推測されている
富雄川
佐保川
龍田川
法隆寺
斑鳩
龍田大社
大和川
三室山
広瀬大社
竹取の翁の出自と考えられる忌部氏は、忌部里から讃岐郷へと進出してきて、この一帯をおさめたと考えられている
飛鳥川
寺川
初瀬川
曽我川
葛城川
讃岐神社
三輪山
高田川
二上山
忌部氏
耳鳴山
天太玉命神社
天香具山
忌部里
畝傍山

『竹取物語』は一七世紀初期から前期ごろの絵巻が多く伝わっている。各場面は美しく仕立てられ、ファンタスティックな感興《かんきょう》がビジュアルに伝わり、読者層を増やしてきた。

また物語の舞台とされる場所は全国各地にあるが、現在は奈良県南部の広陵町《こうりょうちょう》が有力視されている。その根拠のひとつは「さぬき」という言葉だ。物語のなかで、竹取の翁は「讃岐造《さぬきのみやつこ》」と記されている。広陵町はかつて散吉郷《さぬきごう》といい、讃岐神社がある。四国の讃岐出身の豪族《ごうぞく》・忌部《いんべ》氏がこの地に移り住んで一帯をおさめていたといわれている。そこで、忌部氏を出自《しゅつじ》とし、現在の広陵町あたりに進出してきていた人々が竹取の翁のモデルとなったのだろうとの説がなされている。

なお、静岡県富士市にはうぐいすの卵から生まれた「かぐや姫」の伝説がある。

◆求婚・難題譚の意味

『竹取物語』では、五人の貴公子の求婚と難題の試練を多く物語っている。

かぐや姫は貴公子たちに対して、天竺《てんじく》にある仏の石、蓬莱《ほうらい》の玉《たま》の枝《え》、中国の火《ひ》鼠《ねずみ》の皮衣《かわごろも》、竜《りゅう》の首の五色《ごしき》の玉、燕《つばめ》の子安貝《こやすがい》をもってくるよう命じる。いずれもこ

かぐや姫の無理難題

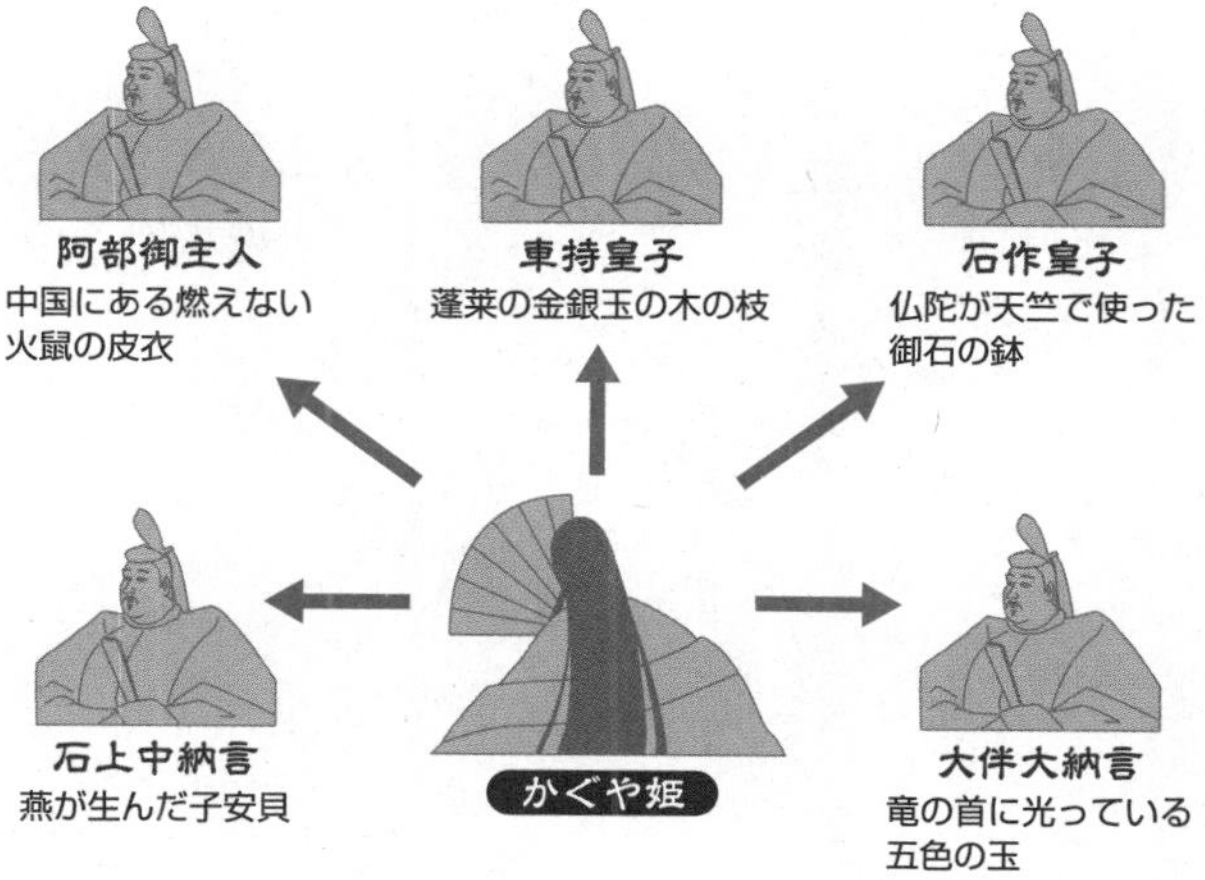

の世にないようなものばかりで、結局、五人とも捜索に失敗したり命を落としたりした。

民間説話の「求婚難題譚《きゅうこんなんだいたん》」は、女性あるいは親が難題を出し、それを果たした者と結婚するケースが多い。しかし、かぐや姫が与えた試練は厳しすぎ、誰も応じられなかった。これは、かぐや姫が人間と結婚してはいけないことを意味していると考えられる。

かぐや姫はなぜ地上にあらわれたのだろうか。天人・天女《てんにょ》の出現の理由のひとつに、天上界《てんじょうかい》で罪を犯したために下界に落とされた

竹取物語絵巻

かぐや姫は物語のラストで、帝と翁に不老不死の薬を渡し、迎えの使者とともに昇天していく（国会図書館提供）

との説がある。

これに拠《よ》ると、結婚相手はどんな試練も乗り越えられる、自分を救済してくれる者でなければならなかった。そこで、普通の人間では果たせない無理難題を与えたと考えられる。

また、かぐや姫が天上界に帰ったのは、人間社会での苦難を経験したことで、罪が許されたからだろう。

しかし、かぐや姫は帰還のとき嘆き悲しむ。

これは姫にとっては最後の試練だった。親しく交わった翁との別れはつらいものだったのである。

この『竹取物語』の求婚難題譚に関しては、竹の豊富なチベット・カム地方に伝わる「斑竹姑娘《バヌチウクーニャン》」との類似が注目されている。

竹から生まれた少女が五人の富裕な男性に求婚されながら、難題をつきつけて切り抜け、最後は貧しいながらも働き者の少年と結ばれるという物語で、『竹取物語』とよく似ている。日本の国民的物語のルーツが大陸にあるならば、実に興味深い。

第三章
昔話を楽しむ

瘤取り爺
――鬼の世界に迷い込んだふたりの爺の運命

◇瘤による幸いと災い

昔話には主人公の爺さんが正直者《しょうじきもの》で、隣に住む爺さんは強欲者《ごうよくもの》という話型がある。家族が強欲な役になるケースもあるが、やはり隣の爺さんが多いため、これを「隣《となり》の爺《じい》」型《がた》と呼んでいる。その代表例として挙げられるのが「瘤取り爺《こぶとじい》」である。

シベリアからヨーロッパ、インド、東アジア（韓国）まで広く分布しているが、文献としては、鎌倉時代の初期に成立した説話集『宇治拾遺物語《うじしゅういものがたり》』のなかの「鬼に瘤取らるること」が最も古い。

昔、右の頬《ほほ》にみかんほどの大きさの瘤のある爺さんがおり、ひと目を避けて山で薪《たきぎ》を取って暮らしていた。ある日、爺さんは山で雨にあい、木の洞《ほら》で雨宿りをしていた。すると夜中に鬼たちが集まってきて、酒盛りをはじめた。宴が盛り上がると、鬼たちは歌いながら踊りだした。

その様子があまりに面白いので、爺さんは思わず踊りながら木の洞から飛び出してしまう。爺さんの踊りは非常に上手だったため、鬼は「明日もここに来て踊るように。それまでこれを預《あず》かる」といって、爺さんの瘤をねじりとった。

この話を聞いた隣の爺さんは、自分も左の頬にある瘤をとってもらおうと、山へ行って鬼たちの前で踊ってみせた。しかし、その踊りはあまりに下手だったので鬼は激怒する。「預かっていた瘤を返してやるぞ」といって、瘤をもう片方の頬に投げつけた。その結果、隣の爺さんの瘤はふたつに増えてしまった。

人をうらやんではいけない。


瘤のせいで社会からしいたげられていた爺さんが、鬼に瘤をとってもらい幸せになる。一方、それを妬《ねた》んでまねた隣の爺さんは、両頬に瘤をぶら下げることになってしまう。そこから、人をうらやんだりしてはいけないという教訓が導き出されている。

また、爺さんがひそんだ木の洞には意味がある。樹木は精霊《せいれい》の宿るものとして古

El viejo y los demonios（瘤取り爺）

鬼が楽しそうに踊っているのを見て木の洞から飛び出した爺さんは、鬼の輪のなかに入って踊り出した（国会図書館提供）

くから神聖視されており、民俗社会では神が寄りつくと信じられ、洞のような密閉された空間で復活再生を願う祭りが行なわれてきた。木の洞は異界への入口としてよいだろう。

◇鬼の世界では瘤は「福のもの」

この物語のポイントは、瘤に対する人間と鬼との価値観の違いである。

爺さんは人間社会で異形《いぎょう》の者として疎外《そがい》されていたが、同じ異形の者である鬼たちには気に入られ、瘤をとってもらった。ただ、鬼たちは親切で瘤をとったわけではない。鬼たちは「瘤は福のものだから、瘤を預れば爺さんは惜しいと思ってまたここへくるだろう」と考え、瘤をひねりとったのである。

鬼は自然の脅威や心の不安から造形され、角《つの》をもつ。仏教では地獄《じごく》の閻魔大王《えんまだいおう》に仕えるとされてきた。そして、その世界は人間の通常の発想とは異なり、異形の者こそ幸いを得ると考えられていた。つまり異界では、人間社会でしりぞけられる者が特別な扱いを受けることになる。

かつての民俗社会では、通常の姿態とは異なるゆえに神から祝福されるとの観念があった。物語にはそうした考え方が反映しているのである。

ちなみに、外国の伝承では瘤をとってくれるのは鬼ではない。

ヨーロッパでは小人《こびと》や妖精《ようせい》が、シベリアのトゥヴァ地方では天女が、朝鮮半島ではトケビという日本の天《あま》の邪鬼《じゃく》のような妖怪が瘤をとる役目を果たす。

また瘤を付けた部位も、ヨーロッパでは背中、アジアでは顔とするなどの違いが見られる。

第三章
昔話を楽しむ

わらしべ長者

――一筋の藁で巨万の富を手にした男の長者譚

◇労せずに一攫千金を手にした男

一銭の価値もなさそうな一本の藁《わら》が、交換を繰り返すうちに巨万の富となる――。「わらしべ長者《ちょうじゃ》」は、運命に操られて誰もがうらやむ幸運をつかんだ男の物語である。全国に分布しているが、交換するものや結末は地域によって異なる。

昔、身寄りもなく、知人もいない、貧しい男がいた。その男が長谷寺《はせでら》の観音《かんのん》様《さま》に祈りを捧げると、「寺を出て手に触れたものをもっていけ」とのお告げを受ける。

男は大門《だいもん》のところでつまずいて倒れたときに、一本の藁を手にした。その藁で飛んできた虻《あぶ》をしばって歩いていると、虻を欲しがる子どもに出会う。男が差し出したところ、お礼にみかんをもらった。

さらに歩いて行くと、喉《のど》が渇《かわ》いて道端《みちばた》に座り込んでいる女性に出会ったのでみかんをあげる。そのお礼としてきれいな布を三反《さんたん》をもらった。

次の日の朝には、立派な馬が目の前で死ぬのを目撃し、男は布とひきかえに死んだ馬をもらった。

そして、馬を生き返らせてほしいと長谷寺の観音様の方角に向かってお願いすると馬が生き返り、男は馬に乗って上京した。

都では旅に出るために馬をさがしている人に出会い、馬と田んぼ一町《いっちょう》（約一万平方メートル）とを交換する。

田んぼの実りは非常によかった。

男はどんどん豊かになり、やがて嫁を迎えて幸せに暮らした。そして、この幸運は観音様のおかげだとして、長谷寺に欠かさず参詣《さんけい》した。


右の説話は、長谷寺の本尊《ほんぞん》、十一面観音《じゅういちめんかんのん》の霊験譚《れいげんたん》として成立したもので、古くは『今昔物語集《こんじゃくものがたりしゅう》』に収録されている。

『宇治拾遺物語』のなかの「長谷寺参詣の男、利生《りしょう》にあづかる事」やお伽草子《とぎぞうし》

『大黒舞《だいこくまい》』の挿話《そうわ》もほぼ同じ内容である。

昔話としては、「藁一本で財産を築け」といわれて旅をはじめる難題型や、交換を続けていって最後に長者や殿様《とのさま》の娘婿《むすめむこ》になったりするものが各地に伝えられている。全般には、観音様への祈願で始まるので「わらしべ長者―観音祈願型」という。

また、味噌玉《みそだま》を手に入れ、刀と交換したことで裕福となるという「わらしべ長者―三年味噌型」もある。

◇「交換」が物語の主題

昔話の長者譚は、偶然のはたらきのほかに、知恵・謎解き、夢、神仏の加護《かご》などで展開するものもあるが（「炭焼《すみや》き長者《ちょうじゃ》」「猿長者《さるちょうじゃ》」「味噌買《みそか》い橋《ばし》」など）、「わらしべ長者」で男の人生を大きく変えたのは交換という行為である。

交換は日常生活においてはごく普通の行為だが、昔話では物語を動かすきっかけになることが多い。

「わらしべ長者」のほか、「猿蟹合戦《さるかにがっせん》」も握り飯と柿《かき》の種《たね》を交換することで物語が大きく展開する。

古い時代の経済の基本は「物々交換」だった。お金を出して物を買うという現代の行為も、見方によっては物とお金の交換といえるだろう。交換は人間の生活の根本なのである。

こうした交換による致富《ちふ》をテーマとする民間説話は、日本だけでなく、ヨーロッパやインド、中国、朝鮮などにも伝えられている。たとえば、インドには「鼠《ねずみ》一匹で金持ちになる話」という物語がある。

鼠の死体をもらって猫《ねこ》の餌《えさ》に売り、豆を買って粉に挽《ひ》き、それを道端で薪取《まきと》りにほどこして薪をもらう。その薪をためておき、大雨で不足したときに売って儲け、お金持ちの娘を嫁にもらう。

ここでは、「わらしべ長者」のように運だけで金持ちになったのとは違って、いかに知恵をはたらかせたかが関心事となっている。

中国、朝鮮、ヨーロッパの伝承も、ディテールは異なるが、やはり交換を繰り返して金持ちになっていく点で共通している。

第三章
昔話を楽しむ

文福茶釜

――人間に恩返しをする茂林寺の狸伝説

◇人間を化かす動物の代表

昔話や伝説には、人間を化《ば》かす動物がしばしば登場する。特に多いのは狐《きつね》だが、それに劣らず目だつのは狸《たぬき》である。狸は人や動物などに襲われたときに死んだように見せかけ、隙《すき》を見て逃げ出すとされる。そうした習性から、人間を欺《あざむ》いたり化かしたりする動物の代表と認識されるようになった。四国の阿波《あわ》地方では神様として祀《まつ》られたりもしている。

狸にまつわる民間説話で最も有名なのは、群馬県館林《たてばやし》市の茂林寺《もりんじ》を舞台にした「文福茶釜《ぶんぶくちゃがま》」だろう。茂林寺には次のような伝承が残されている。

元亀《げんき》元（一五七〇）年、茂林寺で千人法会《せんにんほうえ》が催され、大勢の来客のための湯《ゆ》釜《がま》が必要になった。そこへ守鶴《しゅかく》という僧侶がいくら湯を汲《く》んでも尽きることがない不思議な茶釜をもってきて、茶堂に備えた。それ以来、人々はその言葉を信じ、茶釜を「紫金銅《しきんどう》分福茶釜」と呼んで大切にした。分福とは、「福を分ける」という意味に由来する。

この守鶴は、実は狸（狢《むじな》）が化けていたのだった。ある日、守鶴は熟睡していてうっかり尻尾《しっぽ》を出してしまい、正体を知られてしまう。そして、これ以上は寺にいられないと悟《さと》って姿を消した。

守鶴は実在の僧と伝えられているが、修行を積んで人間業《わざ》とは思われぬ威徳《いとく》をあらわしたため、狸の化身《けしん》と噂されるようになった。

◇茂林寺の伝説と異なる「文福茶釜」

ただ、この物語は明治時代まではそれほど流布《るふ》してはなかった。広く知られるようになったのは、児童文学者・巌谷小波《いわやさざなみ》が「日本昔噺《にほんむかしばなし》」シリーズで『文福茶釜（狸の茶釜）』を発表してからである。

巌谷は「狐の恩返し」などの口承の昔話をもとに、滑稽味《こっけいみ》を盛り込み、独自の狸

文福茶釜一代記

「文福茶釜」はもともと恩返しをテーマにしたもの。上図では坊主に捕まりそうになった狐が茶釜姿で逃げている（国会図書館提供）

説話を伝える茂林寺を舞台として、いまに伝わる「文福茶釜」の物語を仕立てあげた。そのあらすじはこうである。

茶の湯が好きな茂林寺の和《お》尚《しょう》は茶釜を買った。しかし、それは狸が化けたものだったため、古道具屋に売ってしまった。

古道具屋と狸は相談しあって、狸の技《わざ》を見世物にすることにした。茶釜から頭と手足の生えた狸が綱渡《つなわた》りをする芸は評判を呼び、古道具屋は大金持ちになった。
しかし古道具屋は欲がなく、もうけたお金の半分を茶釜とともに寺におさめた。茶釜は寺宝として大切にされるようになった。

これは、人間に助けられた狸が芸を披露して大金を稼いで恩に報いるという動物報恩譚《ほうおんたん》になっている。茂林寺の縁起伝承《えんぎでんしょう》とは展開が大きく変わっているが、曲芸《きょくげい》の場面などが人気を博した。茂林寺もこの物語が広まったことで一躍《いちやく》有名になり、多くの参詣客で賑《にぎ》わうようになったという。なお、「ぶんぶく」は茶釜が煮え立つ音とされ、茶釜が富をもたらすので「分福茶釜」と書かれることもある。

こうした動物報恩譚は、選ばれた人間に神の使いである動物が富を与えるという考え方を背景としている。それを子ども向けに分かりやすくし、恩返しの道徳理念を提示するために、動物でさえもと物語るのである。

もちろん、根底には狸は変化《へんげ》するとの俗信《ぞくしん》がある。「美女奪還―狸の占い型」の狸にはそれが反映している。また民間説話系の物語には「汲めどもつきぬ、食すれども減らぬ」とする宝物のモチーフがよく見られる。

こらむ　昔話の舞台を歩く

— 茂林寺 —

茂林寺の境内に入ると、参道に並ぶ21体の狸像が参拝者を出迎えてくれる。本堂には茶釜をもたらしたと伝わる守鶴を祀る守鶴堂のほか、寺宝の茶釜、古文書などが大切に保存されている。茶釜は拝観できるようになっているので、訪れたときに拝んでおくと御利益があるかもしれない。

第三章
昔話を楽しむ

笠地蔵

――正直者の爺に福を授ける地蔵菩薩の霊験譚

◇大晦日の深夜の出来事

日本には古くから地蔵菩薩《じぞうぼさつ》に対する信仰がある。

「お地蔵さん」と親しんで呼ばれる仏は、平安時代頃からこの世とあの世の境《さかい》にいて、人々を救済すると考えられるようになり、深く尊崇《そんすう》されてきた。そんな地蔵の報恩霊験譚《れいげんたん》が「笠地蔵《かさじぞう》」である。

昔、ある村に爺さんと婆さんが住んでいた。年の暮れとなって、ふたりは正月用の餅を買うために笠《かさ》を編《あ》み、できあがると爺さんが雪のなかを町へ売りに出かけた。

その途中、道ばたの六体の地蔵の頭に雪が積もっていたので、爺さんはもっていた笠を一体ずつ順番にかぶせてやった。ひとつ笠が足りなかったが、残り

地域ごとに異なる地蔵の台詞

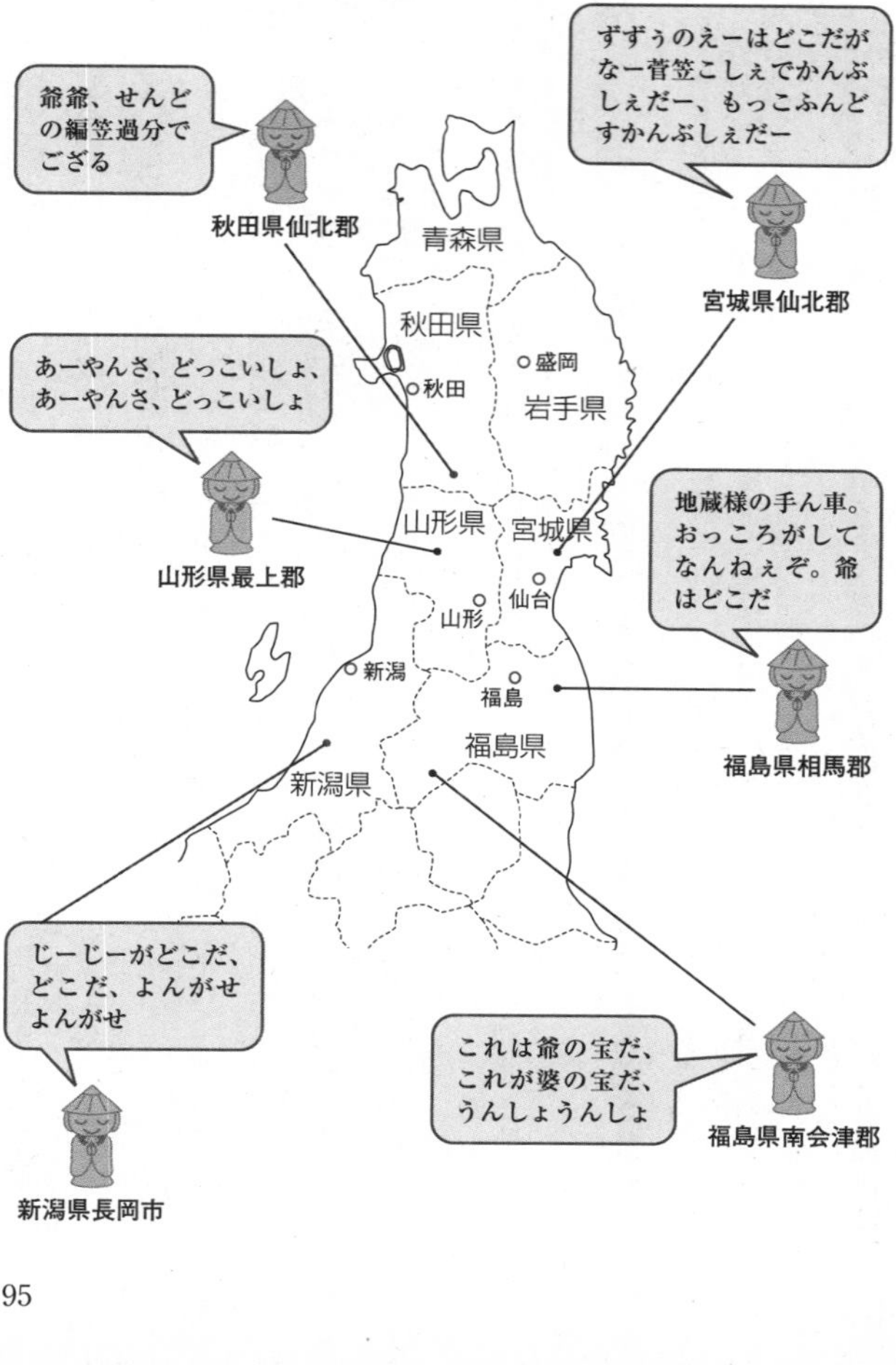
爺爺、せんどの編笠過分でござる
秋田県仙北郡
ずずぅのえーはどこだがなー菅笠こしぇでかんぶしぇだー、もっこふんどすかんぶしぇだー
宮城県仙北郡
あーやんさ、どっこいしょ、あーやんさ、どっこいしょ
山形県最上郡
地蔵様の手ん車。おっころがしてなんねぇぞ。爺はどこだ
福島県相馬郡
じーじーがどこだ、どこだ、よんがせよんがせ
新潟県長岡市
これは爺の宝だ、これが婆の宝だ、うんしょうんしょ
福島県南会津郡
青森県
秋田県
岩手県
山形県
宮城県
福島県
新潟県
盛岡
秋田
仙台
山形
新潟
福島

一体だけそのままにしてはおけず、爺さんは自分のかぶっていた笠をとって最後の地蔵の頭にかぶせて家に帰った。結局、餅は買えなかったが、婆さんと一緒に「よいことをした」と喜んだ。
翌朝早くに、外で何者かが呼んでいる声がした。目を覚まして戸を開けてみると、家の前につきたての餅が山のように積まれている。驚いてあたりを見ると、ちょうど地蔵の行列が遠ざかっていくところで、先頭にいるのは爺さんの笠をかぶった地蔵だった。

貧しくとも優しい爺さんと婆さんに幸福がもたらされるという、心温まる物語である。

同じような伝承が全国各地に分布しているが、地域によって地蔵の言葉が独特で面白い。「いい爺さと婆さはどこいった、すっこんこん」などという歌や、「じょいさ、じょいさ」といった掛け声が物語を盛りあげる。まるで人間のような庶民の仏である。

地蔵の数も地域によってまちまちだが、六体であることが多い。これは六道《ろくどう》信仰

六地蔵

六地蔵信仰は日本独自のもの。六体の地蔵菩薩は、六道のそれぞれにあって人々を救済すると信じられている

に由来している。衆生《しゅじょう》（すべての生命）は六種（地獄道《じごくどう》、餓鬼《がき》道《どう》、修羅道《しゅらどう》、畜生道《ちくしょうどう》、人道《にんどう》、天《てん》道《どう》）の世界に生まれ変わりを繰り返すという輪廻転生《りんねてんしょう》の信仰である。

六体の地蔵は六地蔵と呼ばれ、六道のそれぞれを救うとされている。村の入り口や墓地などの境界などに祀《まつ》られることが多く、爺さんが笠をかぶせてやったのも、寂《さび》しいところに立つ地蔵だったようだ。

また、大晦日《おおみそか》の深夜という設定にも理由がある。昔の暦《こよみ》では、その時間帯は正月元日で、祖霊《それい》が春の神さま（正月さま、歳神《としがみ》）となって到来すると考えられていた。物語で、大晦日の夜が明けるころに六地蔵が到来し祝福を授けるのは、その心意《しんい》が反映しているのである。

◇「笠」の不思議な力

物語のカギになる笠は、風雨や日射しを避けるための実用的なかぶり物というだけではなく、神聖な道具でもあった。それを裏づけるように、笠掛けの松などという伝説が各地に残されている。ここでの松は、神が宿る依代《よりしろ》である。また、名古屋市の笠覆寺《りゅうふくじ》（笠寺《かさでら》）には笠にちなんだ縁起物語が伝わっている。

ある娘が、雨ざらしになっていた観音様《かんのんさま》を見て気の毒に思い、自分の笠をかぶせてやった。そこに、京からやってきた貴族の藤原兼平《ふじわらのかねひら》が通りかかり、娘を見初《みそ》める。ふたりは夫婦となり、娘は玉照姫《たまてるひめ》と呼ばれるようになった。この縁に感謝して、夫婦は笠をかぶった観音様を祀る寺を建立し、笠覆寺と名づけた。

笠覆寺には娘が観音様にかぶせたという笠の断片がいまも残り、縁結びの寺として多くの参詣者を集めている。

第三章
昔話を楽しむ

地蔵浄土

——この世とあの世の境を護る地蔵菩薩の不思議な力

◇「境界」を舞台とする昔話

地蔵菩薩《じぞうぼさつ》は、この世とあの世の境界にいて人々を救済するとされている。いうならば境の神である。その地蔵にまつわる昔話のひとつに、「地蔵浄土《じょうど》」（「団子《だんご》浄土」ともいう）がある。

昔、正直な爺さんと婆さんがいた。ある日、爺さんが昼飯を食べようとすると、団子が落ちてコロコロと転《ころ》がりはじめた。それを追いかけた爺さんは穴に落ちてしまう。

穴のなかには地蔵がいて、団子を食べてしまったという。地蔵は団子のお礼に「もうすぐ鬼がきて博打《ばくち》をはじめるから、爺さんは隠れて鶏《にわとり》の鳴き声のまねをするとよい」と教えてくれた。

まもなく鬼が集まってきて、博打をはじめた。そこで爺さんは地蔵の教えに従って、鶏の鳴きまねをした。すると鬼たちは夜明けだと思い込んで、銭を残したまま逃げてしまった。爺さんは鬼たちの銭をもらって家に帰り裕福になった。

その話を聞いた隣の婆さんは、さっそく夫の爺さんに団子をもたせた。爺さんは聞いたとおりに団子を転がし、鬼がやってくると鶏の鳴きまねをした。しかし、鬼が逃げ出すのを見て笑ったため、鬼に見つかり食われてしまった。

境界を護《まも》る地蔵の助けによって、正直な爺さんが鬼から富を手に入れ、欲深い隣の爺さんが失敗する。この物語は全国各地に分布しているが、特に東北に多い。ここで紹介したのは山形県のものである。

また、爺さんが転がすものが団子ではなく、握り飯だったり豆だったりする伝承もある。島根県では、婆さんが団子を追って鬼の世界に入り込み、三粒の米で釜一杯のご飯が炊けるしゃもじを手に入れるという変わった物語を伝えている。

◆地下世界訪問のもうひとつの物語

一方、地蔵が護る境界の先にある地下世界を舞台にして、成功と失敗を対照的に語る昔話もある。「鼠浄土」である。

展開は「地蔵浄土」とよく似ており、「鼠の餅つき」「おむすびころりん」というタイトルでも知られている。

昔、爺さんが弁当の団子を穴のなかに落としてしまい、それを追いかけて穴に入ると、そこは鼠の世界だった。

鼠たちは「猫さえいなければ鼠の世の中」とか「猫の声は聞きたくない」などと歌いながら餅つきをしていた。そして爺さんを立派な屋敷に呼んで歓待し、帰りにはお土産《みやげ》として宝物をくれた。

それを知った隣の爺さんは、自分も宝物を手に入れようと、鼠の世界に行く。そして猫の鳴きまねをして宝物をとろうとしたがばれてしまい、鼠にかじられて死んでしまった。

この「鼠浄土」も全国各地に伝わっており、採取数は「地蔵浄土」よりも多い。青森県の伝承では、爺さんが蕎麦焼餅《そばやきもち》をもって畑に出かけ、そこに出てきた鼠に分け与えたことから、屋敷に招待されるという展開になっている。

「地蔵浄土」や「鼠浄土」における地下の豊穣《ほうじょう》な世界の設定は、地下には生命の根源となる「根《ね》の国《くに》」があるという古くからの観想《かんそう》と関係している。古代の人々は地下世界には須佐之男命《すさのおのみこと》のような荒《あら》ぶる神がいて、苦痛や懲罰《ちょうばつ》を与える一方、宝物をくれると信じていたのである。

地下世界が「鼠の世界」とされたのは、鼠が「根の国」の神の使い、富をつかさどる大黒《だいこく》さまからの使いなどとして崇《あが》められていたためとも、穀物をためこむ鼠の習性が反映されているとも考えられる。お伽草子（室町《むろまち》物語）の『弥兵衛鼠《やへえねずみ》』はめでたい白鼠（二十日鼠《はつかねずみ》）の物語である。

なお、男が地下の国々を旅して戻る物語に甲賀三郎《こうがさぶろう》伝説がある。お伽草子の『諏《す》訪《わ》の本地《ほんじ》』はその諏訪神の物語である。

また、お伽草子の『隠れ里《かくれさと》』は前半が「鼠浄土」と対応している。

第三章
昔話を楽しむ

犬婿入り
——妻でも心を許すな…犬と結婚した女による仇討ち

◇犬と人間との強い結びつき

人類が最も早く家畜化した動物は犬だといわれている。旧石器時代末期に猟犬や番犬として飼いはじめて以来、人間は犬と一万数千年も歴史をともにし、数多くの伝説や昔話を創りあげてきた。昔話「忠義な犬」「犬頭絲《けんとうし》（犬と蚕《かいこ》）」「猿神退治《さるがみたいじ》〈犬援助型〉」などは伝説にもなっており、世界各地に類話がある。

人間と動物との関わりの深さを象徴する物語といえば異類婚姻譚だが、女と動物が結婚して子孫を残すというストーリーも少なくない。たとえば、文化十一（一八一四）年から刊行されはじめた滝沢馬琴《たきざわばきん》の小説『南総里見八犬伝《なんそうさとみはっけんでん》』はその伝承の一型《いっけい》を使っている。人間の伏姫《ふせひめ》と犬の八房《やつふさ》が夫婦となり、それを契機に生まれた八人の勇者・八犬士《はっけんし》が大活躍するという物語は、発刊当時から現代に至るまで人気を保ち続けている。

人間と犬との婚姻をめぐる昔話もある。「犬婿入り《いぬむこい》」である。

昔、犬をたいそうかわいがって飼っている夫婦がいた。ふたりに女の子が産まれると、女の子が用便《ようべん》をするたびに、犬に対して「お尻をなめなさい。この子が大きくなったら、お前の嫁にやるから」といってお尻の始末をさせた。やがて女の子は美しい娘に成長し、嫁入りの話が決まる。しかし、犬が娘の着物の裾《すそ》を噛《か》んで離さないので、夫婦は縁談をとりやめ、犬と娘に過去のいきさつを話して、娘を犬の嫁にやることにした。

娘と犬は山の洞穴《ほらあな》で暮らしていたが、狩りにやってきた若い男が娘を見初《みそ》め、犬をこっそり撃ち殺してしまう。そして犬が帰ってこないのを心配して待ち続ける娘に、「犬は年寄りの猟師に撃たれて死んだ」と嘘をいい、里に連れ帰った。

ふたりは夫婦になり、七人もの子宝《こだから》に恵まれて幸せに暮らした。ところがあるとき、男が女房《にょうぼう》に襟首《えりくび》を剃《そ》らせながら、「あの犬は自分が殺した」ともらしたのである。女房は驚き、それを何度も確かめ、事実とわかると手にしてい

里見八犬伝一覧

八犬士が活躍する『南総里見八犬伝』の物語は歌舞伎、浮世絵、文学、演劇などに取り上げられてきた
(歌川国芳画　国会図書館提供)

た剃刀《かみそり》で夫を殺した。

この昔話は「七人の子を産んだ妻であっても、心を許してはいけない」という、ことわざめいた戒《いまし》めで締められることが多い。延宝《えんぽう》六（一六七八）年に刊行された仮名草子《かなぞうし》『御伽物語《おとぎものがたり》』は、この物語にそうしたタイトルを付けて「耳慣れた話」として載せている。『南総里見八犬伝』もここからヒントを得たものと推測される。

◇テーマは仇討ち

「犬婿入り」の分布は、西の地方に偏《かたよ》っている。また、中国南部や東南アジアでも類話が確認されている（沖縄では始祖《しそ》伝説のかたちを取ることが多い）。ただし、日本と世界ではテーマが大きく異なる。

中国南部や東南アジアに伝わる人間と犬との異類婚姻譚は、困難な状況に陥った王を犬が助け、姫と結婚して子どもをもうけ、その子が一族の先祖となったという〝犬祖《けんそ》伝説〟が多い。一方、日本本土に伝わる人間と犬との異類婚姻譚は、子どもが生まれるケースがあまり見られない。『南総里見八犬伝』の八犬士も、八房と伏

日本とアジアの犬物語

	日　本	中国・東南アジア
テーマ	妻による仇討ち	犬祖伝説
内容	ある女が犬と結婚。その犬を殺した相手と再婚し、夫から犬殺しの告白をされ、夫を殺して仇討ちを果たす	困難な状況に陥った王が、王を救済した者に姫を与えると約束すると、犬が王を救済し、姫と結婚。犬と姫とのあいだに子どもが生まれ、その子どもたちがある種族の祖となる
伝承	農耕社会である日本では、犬祖伝説は沖縄を除いてほとんど伝わっていない。妻の仇討ち話は西日本に集中している	狩猟・焼き畑で生活してきた地域で伝承されていることが多く、その地域の人々は先祖が犬であることを誇りとしている

姫が交わって生まれたわけではなく、伏姫がもっていた数珠《じゅず》が飛び散り、その珠《たま》から生まれたと仕立てられている。

「犬婿入り」のテーマは仇討《あだう》ちである。

江戸時代、武士には仇討ちが称揚《しょうよう》され、庶民のあいだでも美談としてもてはやされた。浄瑠《じょうる》璃《り》や歌舞伎《かぶき》にも妻による夫の仇討ち、子による親の仇討ちを題材としたものが多い。

「犬婿入り」は、大陸から伝わった犬祖伝説に、仇討ちの要素が加わって成立したのであろう。

第三章
昔話を楽しむ

蛇婿入り
――神格化された蛇と人間の娘との婚姻

◇蛇は神聖な生き物

現代人の多くは蛇《へび》を不気味な生き物と見る。グロテスクでおどろおどろしい形状が、恐怖感を喚起するのだろう。しかし古代においては、世界の多くの民族が蛇を崇拝《すうはい》したり神格化《しんかくか》してきた。蛇をめぐる物語も、国際的に分布している。

日本では『古事記《こじき》』に、蛇身《じゃしん》の大物主神《おおものぬしのかみ》が人間の男に姿を変えて女と契《ちぎ》りを結び、その子どもが子孫を繁栄させたという三輪山《みわやま》の神婚《しんこん》伝説が載っている。

また、娘が蛇の子どもを産み、その蛇の子どもを神として祀ったという伝承が『常陸国風土記《ひたちのくにふどき》』にある。

このように、蛇を神と崇める観念を背景にした昔話が「蛇婿入り《へびむこいり》」である。「蛇婿入り」は全国各地に広く分布しており、「苧環型《おだまきがた》（針糸型《はりいとがた》）」と「水乞い型《みずこいがた》」のふたつのパターンに大別される。

三輪山

奈良県桜井市にある三輪山。ここには、蛇身の大物主神が人間に姿を変えて女と契りを結んだとの伝説が残っている

ここではまず、山形県で語られる「苧環型」を紹介しよう。

庄屋《しょうや》の娘のもとに毎夜通ってくる若い男がいた。男の素性はわからず、娘のからだの具合は次第に悪くなった。

そんな折、自分は蛙《かえる》だという僧がやってきて、「男の正体は大蛇である。男の着物に糸を通した針を刺しておくように」と教える。教えに従って糸をたどっていくと、木の洞《ほら》穴《あな》に通じており、なかから親蛇と息子蛇の会話が聞こえてきた。
それによると、息子の蛇は娘の腹のなかに三十三の命を残してきたが、娘が菖蒲酒《しょうぶしゅ》を飲んでたらいにまたがれば、子どもは下りてしまうという。
娘が聞いたとおりにしてみると、蛇の子どもが三十三下り、娘は元気になった。

男の正体を突き止めるために使った糸は麻糸《あさいと》（苧《からむし》）で、紡《つむ》いだ麻糸を巻きつける糸巻きを「苧環」という。そこから、この話型を「苧環型」という。なお、この伝承には昔話「蛙の報恩《ほうおん》」のモチーフが作用している。

例話では、娘が蛇の子を下ろして元気を取り戻したと語られているが、同じ「苧環型」でも、娘が蛇の子を産むケースがある。

蛇の血を引いた子どもは異能《いのう》の人物に成長し、越後《えちご》の五十嵐小文治《いがらしこぶんじ》や信濃《しなの》の小泉小太郎《こいずみこたろう》、九州の緒方三郎《おがたさぶろう》といった英雄になる。先に述べた三輪山伝説での神と人間との婚姻譚に通じていることから、「苧環型」は三輪山伝説を原型として成立したと見てよい。

蛇祖伝説をもつ人々

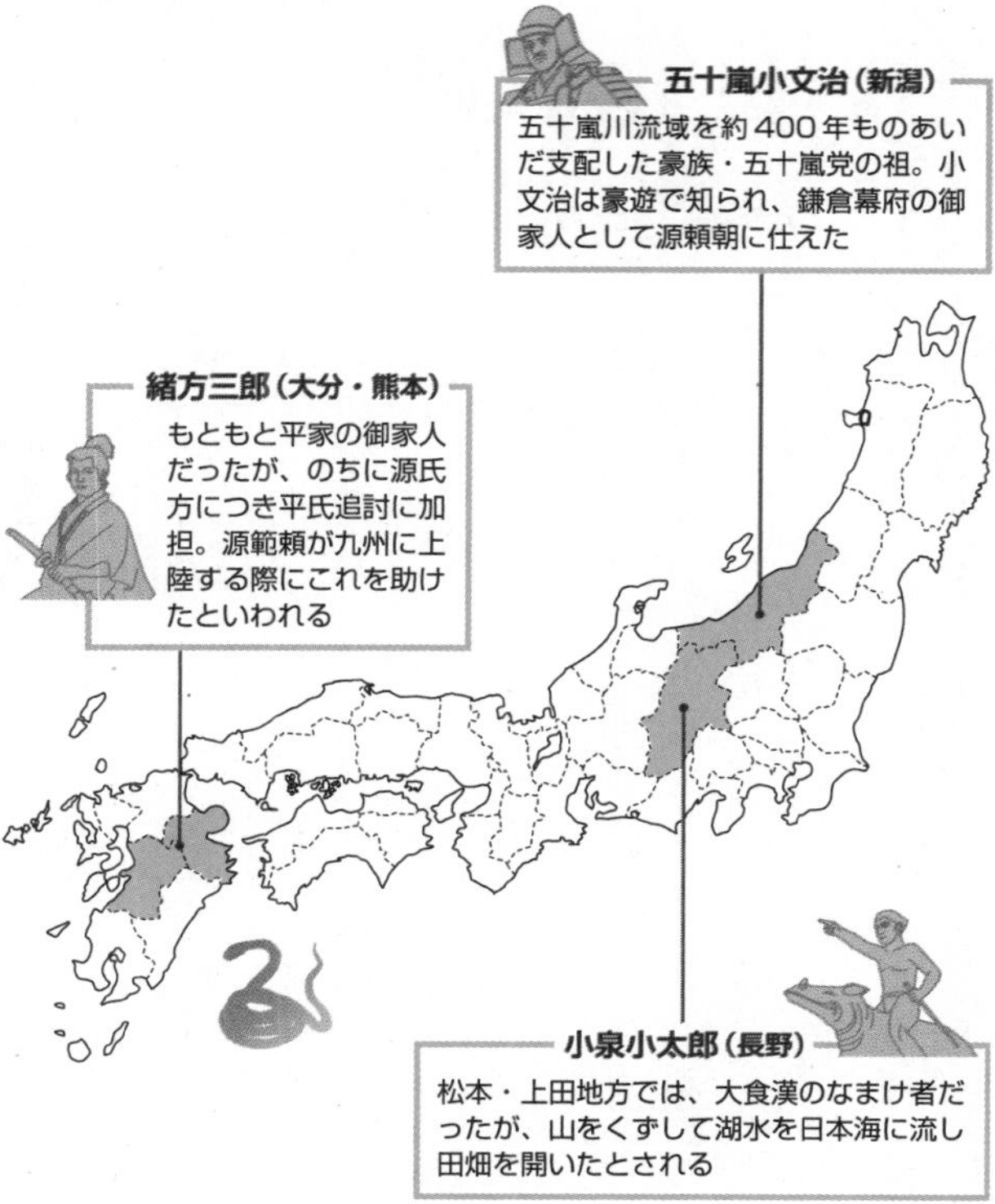

五十嵐小文治（新潟）
五十嵐川流域を約400年ものあいだ支配した豪族・五十嵐党の祖。小文治は豪遊で知られ、鎌倉幕府の御家人として源頼朝に仕えた
緒方三郎（大分・熊本）
もともと平家の御家人だったが、のちに源氏方につき平氏追討に加担。源範頼が九州に上陸する際にこれを助けたといわれる
小泉小太郎（長野）
松本・上田地方では、大食漢のなまけ者だったが、山をくずして湖水を日本海に流し田畑を開いたとされる

◆蛇信仰の変容を示す「水乞い型」

一方、「水乞い型」は次のような展開になる。新潟県の伝承を挙げてみる。

三人の娘をもつ長者《ちょうじゃ》が田んぼを見に行ったところ、水が干上《ひあ》がっていた。困った長者が「田んぼに水をかけてくれた者に娘をひとりやる」と独りごとをいうと、大きな蛇が田んぼに水をかけてくれた。父親からこの話を聞いた長女と次女は逃げてしまったが、末娘は承知してくれた。嫁入りの日、末娘は針《はり》千本と千成《せんなり》ふくべ（ひょうたん）、真綿《まわた》千枚をもって、蛇と一緒に沼へと向かう。沼に着くと、娘はふくべの口に真綿をつめて針を刺し、沼に投げ入れる。そして「ふくべを沈めた者の嫁になる」といった。蛇はふくべを沈めようと泳ぎ回ったが、そのうち身体に針が刺さって死んでしまい、娘は家に帰っていった。

蛇は田んぼに水を与える水神だった。それが殺されてしまうのは、物語の形成時に蛇信仰が弱まっていたからであろう。なお、この類話に「猿婿《さるむこ》入り」がある。

第三章
昔話を楽しむ

瓜子姫

——瓜から女児が生まれるという桃太郎そっくりの物語

◇瓜から生まれた女の子

桃《もも》から生まれた男児が鬼ケ島《おにがしま》の鬼を退治し、財宝を持ち帰るという「桃太郎《ももたろう》」は日本で最も有名な昔話のひとつだが、「桃太郎」の女の子編ともいえる昔話が存在することはあまり知られていない。その昔話とは「瓜子姫《うりこひめ》」である。

「桃太郎」が鬼退治（英雄による偉大な事業）を語るのに対し、「瓜子姫」は婚姻を主題としている。しかし、主人公の誕生、成長後の試練という展開はよく似ている。ここでは、全国的に分布している物語のうち、島根県で語られるものを紹介する。

昔、爺さんと婆さんがいた。爺さんは山へ木を伐りに、婆さんは川へ洗濯《せんたく》に行った。

婆さんが川で洗濯していると、川上から瓜が流れてきたので拾って帰った。

爺さんが帰ってきて、包丁《ほうちょう》で割ろうとしたところ、瓜のなかからかわいい女の子が生まれた。ふたりはたいへん喜び、女の子を「瓜子姫」と名づけて大切に育てた。

やがて姫は「キーリパッタン、スットントン」と毎日上手に機《はた》を織《お》るようになる。

あるとき、爺さんと婆さんは姫に「天《あま》の邪鬼《じゃく》がくるから戸を開けてはいけない」と言い残して町へ出かけた。すると本当に天の邪鬼がやってくる。天の邪鬼は姫をだまして家のなかに入り込む。さらに姫を柿とりに誘い出し、柿の木に縛りつける。

その後、天の邪鬼は姫に扮装して家で機を織った。爺さんと婆さんはそれに気づかず姫を嫁にやることにした。

嫁入りの駕篭《かご》が柿の木の下を通ると、木の上から「私が駕篭に乗っていくのに、天の邪鬼が乗っていく。ヒーロロロ」と姫の泣き声が聞こえてくる。その声で姫が発見され、木から下ろしてもらえた。天の邪鬼は三つに斬《き》られ、一切れずつ粟《あわ》の根、蕎《そ》麦《ば》の根、麦《むぎ》の根に捨てられた。それらの根が赤いのは、天の邪鬼の血のためである。

「桃太郎」と「瓜子姫」の誕生のエピソードは「桃」が「瓜」に、主人公の性別が「男」から「女」に変わっただけで、あとはほぼ同じである。ただし後半からは、話の内容が「桃太郎」とはがらりと変わる。

例話のような中国地方や九州地方などの西日本型の伝承では、木にくくりつけられていた瓜子姫が通りがかった者に救出され、結婚するというハッピーエンドとなる。ちなみに、ドイツの「狼《おおかみ》と七匹の子山羊《こやぎ》」や「赤ずきん」は類似のモチーフをもつ。

一方、東日本の特に東北地方の伝承では、瓜子姫が天の邪鬼に食い殺されてしまうとするものが目だつ。天の邪鬼の代わりに山姥《やまんば》が登場することもある。なかには、からだを切り刻まれて小豆汁《あずきじる》のなかに入れられ、爺婆に食べられてしまうと語るものもある。天の邪鬼も姫殺しの報復として、ほとんどが殺される。このように、同じ「瓜子姫」でも西日本と東日本では展開が異なっているのである。

◆西日本型と『瓜姫物語』の類似

「お伽草子（室町物語）」には『瓜姫物語絵巻《うりひめものがたりえまき》』がある。

大和国《やまと》（奈良県）石上《いそのかみ》のあたりに、子どものいない爺さんと婆さんが住んでいた。

あるとき、爺さんと婆さんが畑からよくできた瓜をとってきて、塗桶《ぬりおけ》のなかにしばらく入れておいたところ、瓜が美しい姫になった。

姫が成長すると、国の守護代《しゅごだい》が嫁に欲しいと望むが、爺さんと婆さんの留守中に、あまのさぐめ（天の邪鬼）が姫をだまして木の上に縛りつけ、自分が姫の代わりに嫁入りの輿《こし》に乗ってしまった。しかし、企《たくら》みは途中で発覚し、失敗に終わる。

あまのさぐめは殺され、姫は末永く栄えた。


昔話の「瓜子姫」では、川上から流れてきた瓜のなかから姫が生まれるが、お伽草子の『瓜姫物語』では、畑からとってきた瓜が姫になったとしている。

また、昔話では必ず機織りのエピソードが語られるのに対して、『瓜姫物語』では天の邪鬼によって木の上に縛られたり、殺されずに幸せな結婚をするといった展開になる。これらは昔話の西日本型とよく似ていて興味深い。

東西で異なる話の展開

中国・九州地方
姫が結婚して末永く栄えるなどハッピーエンドが多い
東北地方・日本海側
姫が悲惨な殺され方をする話が多い。からだを切り刻まれ、小豆汁に入れられて爺婆に食べられる話もある
瓜子姫の物語は、姫が殺される東日本型と殺されずに幸せな結婚をする西日本型に分かれる
東北地方・太平洋側
木から落ちるなどして、姫が死んでしまう話が一般的

第三章
昔話を楽しむ

見るなの座敷
——見てはいけないとされた座敷で男が見たものは

◆座敷のなかに理想郷が次々と出現

「見てはいけない」といわれると、どうしても見たくなってしまうのが人の性《さが》というものだろう。「見るなの座敷《ざしき》」は、「見てはいけない」という禁《きん》を破ったがために、不幸になってしまう男の物語である。全国各地の伝承のなかから、新潟のものを紹介する。


昔、男が山へ草刈りに行くと、足を怪我《けが》しているうぐいすがいたので、家に連れて帰って手当てをしてやった。そして怪我が癒《い》えると、山へ放してやった。

それから何日かたったある日、男が山へ行くときれいな女があらわれる。立派な屋敷に招待された男は、そこで大いにもてなされ、楽しい日々を送った。

ある日、村に行くことになった女は、男にこう言い残して家を出た。「この家のどの座敷を見てもいいが、一番奥の十二番目の座敷だけは見てはいけない」

男は女の留守中に、見てもいいといわれた座敷から順に戸を開けていく。一番目の座敷は正月用の松飾《まつかざ》りが飾ってある座敷だった。二番目の座敷には梅《うめ》の花が咲いていた。三番目の座敷には桜《さくら》、四番目の座敷には牡丹《ぼたん》、五番目の座敷には菖蒲《しょうぶ》、六番目の座敷には藤《ふじ》、七番目の座敷には萩《はぎ》、八番目の座敷には月《つき》とすすき、九番目の座敷には菊《きく》、十番目の座敷には紅葉《もみじ》の花が咲いており、十一番目の座敷には秋の雨の景色が広がっていた。

ここまで見ると十二番目も見たくなり、こっそり戸を開けてみた。すると、そこには一羽のうぐいすがいて、部屋の隅々《すみずみ》にボトンボトンとお金を落としていた。

やがて女が帰ってきた。男は十二番目の座敷を見たことを黙っていたが、女は「あんなに見ないでとお願いしたのに」といい、うぐいすになって遠くへ飛び去った。その途端、屋敷も何もみんな消えてなくなってしまい、男は山奥にぼんやり立っていた。

座敷の風景は、どの地域でも人々が憧《あこが》れる理想郷《りそうきょう》や一年間の季節・歳時《さいじ》を具現化している。そこから「見るなの座敷」は「うぐいすの浄土《じょうど》」とも呼ばれている。

座敷の数やその風景が違ったり、最後の場面で男もうぐいすとなって女とともに飛び去っていくなどさまざまな展開があるが、異界に立ち入った男が見るなの禁忌《きんき》を犯して、夢のような生活を失ってしまうという展開はどれも変わらない。伝承的な異郷訪問譚《いきょうほうもんたん》には、こうした哀れな、また夢幻《ゆめまぼろし》の終わりかたもある。

うぐいすの鳴き声は春の到来を告げ、人々は夏をひかえて稲作などの労働に入る。つまり、食糧生産をすすめる神の使者である。民俗社会では、春になると山の神が里《さと》におりてきて田《た》の神となるとされる。「見るなの座敷」のうぐいすにはそうした面があらわれている。

◇「うぐいすの一文銭」

「見るなの座敷」には、「うぐいすの一文銭《いちもんせん》」と名づけられた物語もある。

男が美しい女の家に泊めてもらい、そこではたらくことをすすめられた。

12番目の屋敷の秘密

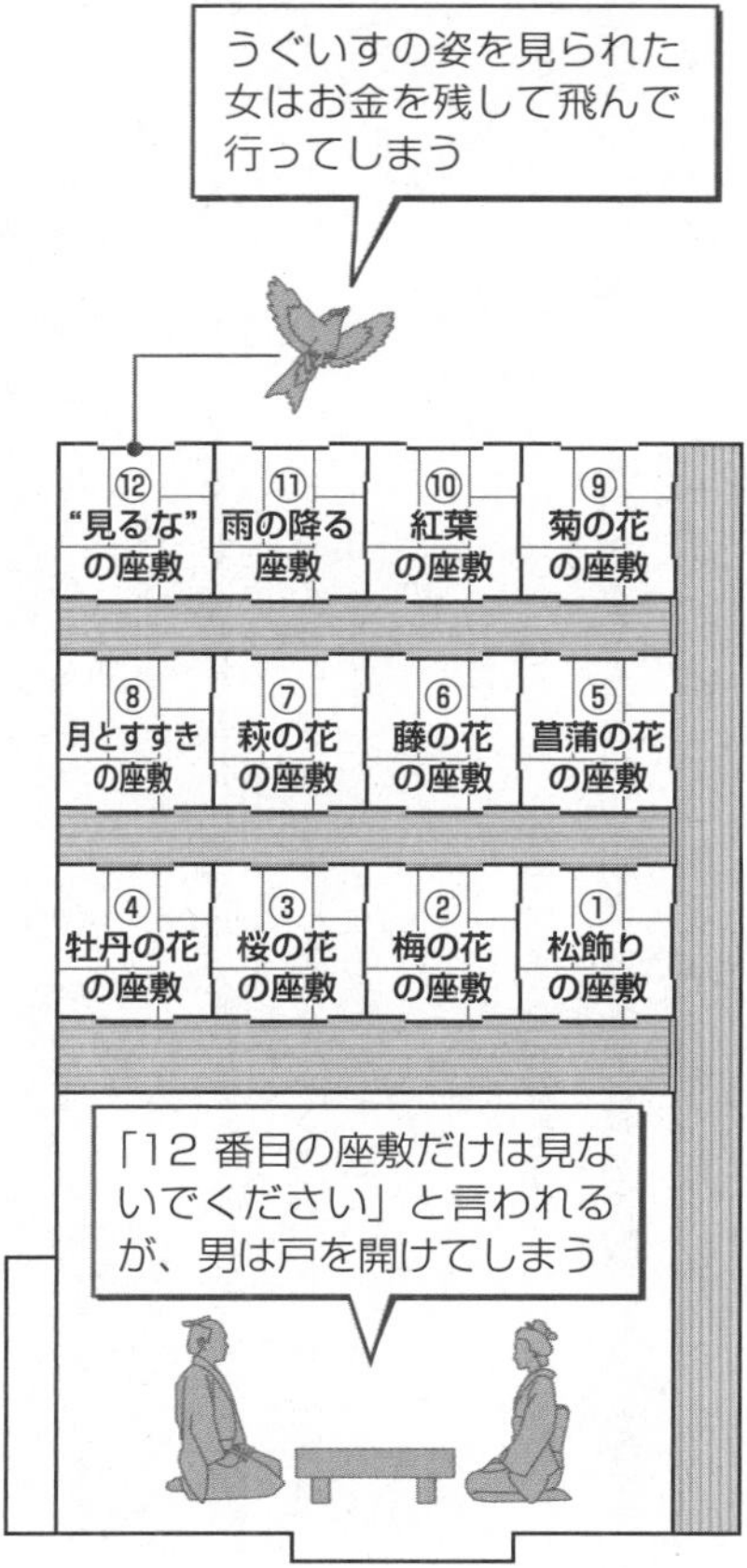
うぐいすの姿を見られた女はお金を残して飛んで行ってしまう
⑫
“見るな”の座敷
⑪
雨の降る座敷
⑩
紅葉の座敷
⑨
菊の花の座敷
⑧
月とすすきの座敷
⑦
萩の花の座敷
⑥
藤の花の座敷
⑤
菖蒲の花の座敷
④
牡丹の花の座敷
③
桜の花の座敷
②
梅の花の座敷
①
松飾りの座敷
「12 番目の座敷だけは見ないでください」と言われるが、男は戸を開けてしまうある日、女は「一番奥の座敷は見るな」といって出掛ける。男がその約束を一年間守り通すと、男は「うぐいすの一文銭」をもらい、庄屋に千両《せんりょう》で売って大金持ちになった。

その話を聞いた隣の男も同じようにまねしてみたが、見るなといわれた座敷を見てしまう。

座敷のなかには何もなく、帰ってきた女に「長い間かけて読んだ『法華経《ほけきょう》』をここにしまっていたのにすっかりなくなってしまった」といわれ、家から追い出されてしまった。

これも新潟県で語られてきたものである。「見るな」の禁を守った者は幸せになり、破った者は失敗する。隣の爺型となって、約束遵守《じゅんしゅ》の教訓を提示している。「見るな」のタブーをめぐる昔話は、ほかに「鶴女房《つるにょうぼう》」「鯉《こい》（魚）女房」「狐《きつね》女房」などがある。なお、禁じられた部屋のモチーフはフランスの「美女と野獣」にも見える。

第三章
昔話を楽しむ

田螺長者

――「一寸法師」にも似た田螺の嫁取り物語

◇田螺は水の神の使い

各地の水田や池沼《ちしょう》などの泥地に棲《す》む田螺《たにし》。最近では稲を食い荒らす大型の外来種が増えて害虫扱いされているが、もともと日本では田螺は水の神、もしくは田の神の使いと考えられていた。そうした田螺の性格は、「田螺長者」という昔話によくあらわれている。

昔、爺さんと婆さんがいた。子どもがほしいと水神《すいじん》に祈りを捧げたところ、田螺を授かった。爺さんと婆さんは大切に育てたが、何年たっても田螺の姿のままだった。

ある日、爺さんが米を町へ売りに行こうとしていると、田螺が「俺も連れて行け」と騒ぎはじめ、馬の耳のなかに入って馬を上手に操《あやつ》り町へ出た。

田螺は長者の屋敷に着く。その働きぶりは見事なもので、長者は大いに歓待した。田螺は長者の美しい娘を見て、妻にしようと一計を案じた。まず娘が寝入った頃を見はからい、米粒を娘の口の端に塗る。翌朝、田螺が「売り物の米が空っぽになっている」と騒ぎ立てると、口の端に米粒がついていた娘が犯人とされ、娘は家を追い出された。田螺は娘とともに爺さんと婆さんのもとに帰り、結婚する。こうして田螺の計画はまんまと成功したのだった。ところがある日、娘は田螺を疎《うと》ましく思い、熱湯のたぎる釜のなかへ投げ入れた。すると釜のなから凛々《りり》しい若者があらわれる。夫婦となったふたりは富み栄え、爺さん婆さんとともに幸せに暮らした。

水神からの授かり子であった田螺の息子には水神の子という性格が付与されている。田螺の水田での生息状況は、農夫に水質を教えてくれるため、稲作をつかさどる神とされたのである。

昔話では人間と動物が結婚する異類婚姻譚は破局で終わるものが多い。ところが「田螺長者」は、田螺が人間に変身することで結婚が成就する。しかし変身は唐突《とうとつ》の感がある。

田螺は、人間社会で冒険（＝苦難）を経たので人間となったのであろう。本来は人間として出現するはずだったが、神の子としては異形《いぎょう》であらわれる必要がある。それゆえ、変身には熱湯たぎる釜のなかに投げ入れられるという、残酷なまでの仕掛けを必要としたのである。

『グリム童話』には、魔法で蛙になっていた王子が、姫によって壁にぶつけられたことで人間に戻るという「蛙の王子」があるが、「田螺長者」はこれと同じ美女と野獣型の物語になっているのである。

◇「一寸法師」との多くの類似

また、「田螺長者」は、お伽草子（室町物語）の『一寸法師《いっすんぼうし》』との類似が指摘できる。

どちらも主人公がとても小さい〝小さ子《ちいご》〟の婿入り物語である。田螺も一寸法師も豆つぶほどのサイズで登場するが、からだのハンディをものともせず、小さな姿のままで婿入り、あるいは嫁取りを果たす。娘を獲得するのも、田螺と一寸法師は

一寸法師との類似性

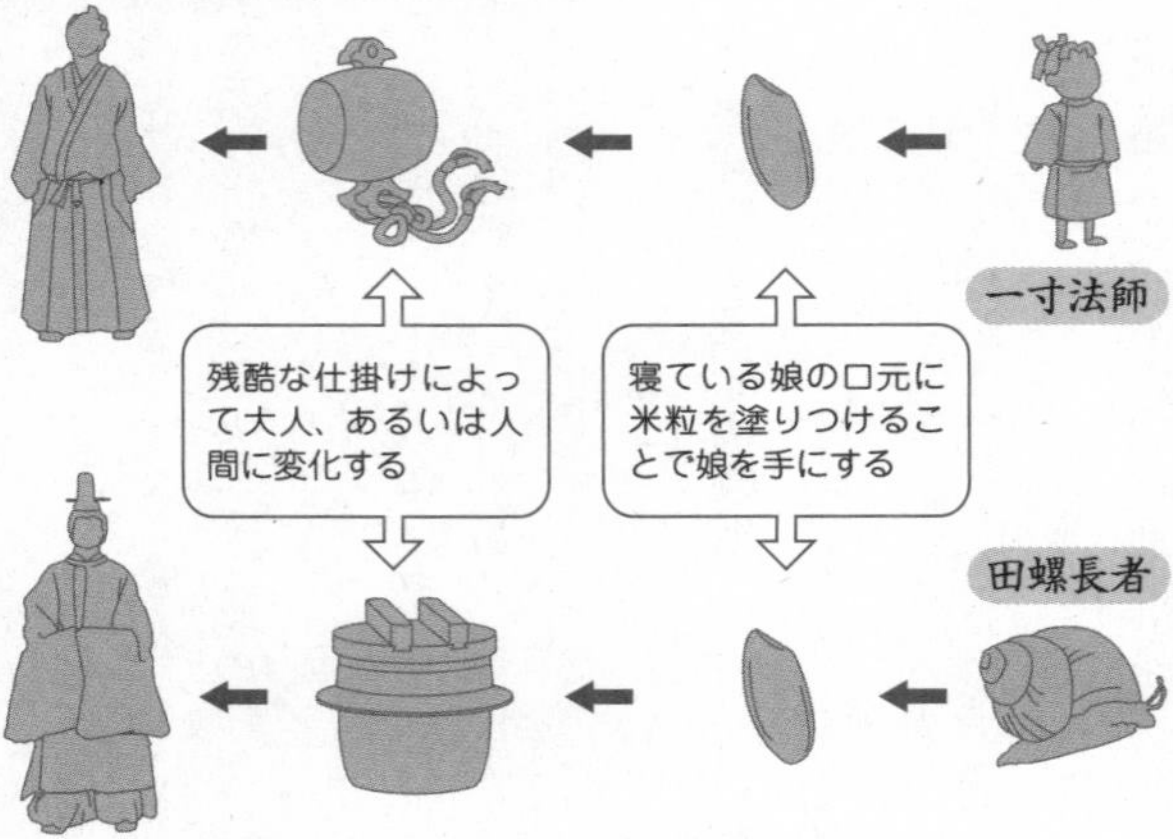
一寸法師
残酷な仕掛けによって大人、あるいは人間に変化する
寝ている娘の口元に米粒を塗りつけることで娘を手にする
田螺長者

お伽草子『一寸法師』の原型は『田螺長者』だと考えられる

寝ている娘の口の端に米粒を塗りつけ、翌朝、大切な米が盗まれたと騒ぎ立てるという狡猾《こうかつ》な手段をとる。

変身の方法はどうか。一寸法師は、姫に鬼が落としていった打《う》ち出《で》の小槌《こづち》を振ってもらって小さ子から立派な若者に変身した。田螺は例話のほかに小槌や杵《きね》でたたく、履物《はきもの》で踏みつぶす、馬から落ちるといったことで人間になる。こうして見ると、「田螺長者」と『一寸法師』は同系の物語だといえよう。なお、主人公を姫として読みとると「美女と野獣」型となる。

第三章
昔話を楽しむ

くらげ骨なし
——くらげの骨がなくなった意外な理由とは

◇猿と亀とのだまし合い

くらげには骨がない。その姿は古代の人々にも強い印象を与えたらしく、『古事記《こじき》』では天地のはじまりの部分を「地上界はまだ若く、水に浮かんでいる脂《あぶら》のようで、くらげのように漂《ただよ》っていた」と描写しているほどである。

なぜ、くらげには骨がないのか。その理由を説明するのが「くらげ骨なし」（「猿《さる》の生《い》き肝《ぎも》」とも呼ばれる）である。

あるとき、竜宮《りゅうぐう》の乙姫《おとひめ》様が病気になった。医者も薬も効かないので占ってみると、猿の生き肝が効くという。そこで亀《かめ》が使いを頼まれた。海の生き物は地上に出ることができないが、亀なら平気ということで白羽《しらは》の矢《や》が立ったのだ。

亀は猿をだまして背中に乗せ、竜宮まで連れてくる。そこで猿は手厚いもてなしを受けた。

猿がご馳走《ちそう》を食べていい気分になっていると、くらげが赤子《あかご》をおぶりながら、「ネンヤネンヤ、サル、サル、お前生き肝をとられる」と子守唄を歌っている声が聞こえてきた。

危険を感じた猿は「木の枝に肝を干してきたが、雨で濡れて腐ってしまわないか心配だ」と亀をだまし、亀に乗って陸に戻る。そして木の上にのぼっていった。

亀は「早く下りてこい」と催促《さいそく》したが、猿は知らぬふりをして下りてこない。そのうち、「生き肝を出し入れできる者などいるか。企《たくら》みはくらげに聞いて知っている」といって、木の枝を投げつけてきた。

亀はどうにか逃げ帰ったが、竜宮ではくらげが失態を責められ、罰として骨を抜かれた。


これは動物昔話のひとつで、全国各地に分布している。地域によっては竜宮からの使者が亀から蛸《たこ》、鮭《さけ》、鰐《わに》、河童《かっぱ》などに変わっており、なかには、計画失敗の原因

竜宮からの使者

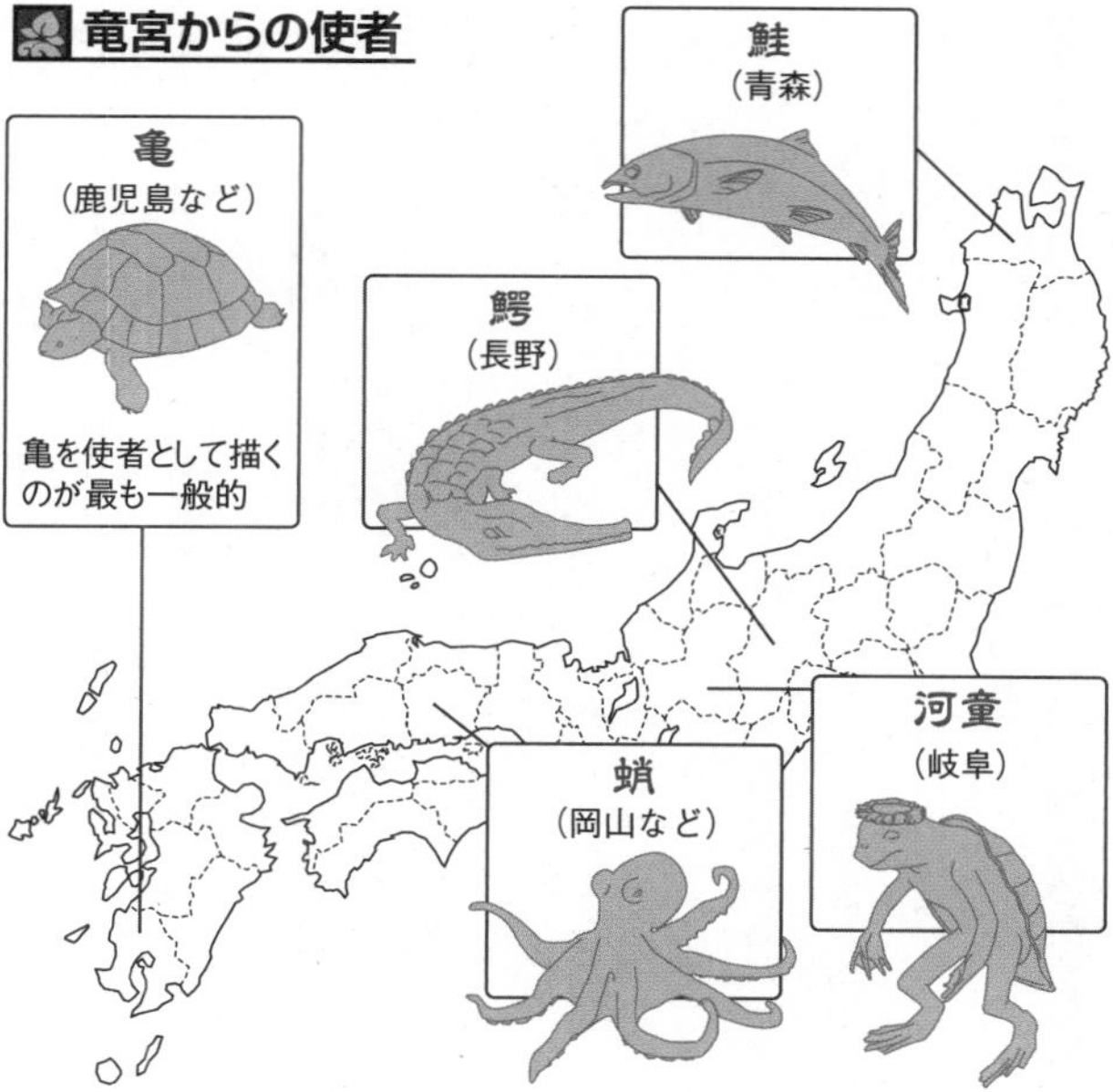

をつくったくらげを使者としている伝承もある。その場合、くらげが猿を背中に乗せて陸へ戻るときに、猿の生き肝を奪おうとしていることを明らかにしてしまい、計画が頓挫《とんざ》する。

◆インドの説話がルーツ

それにしても不思議なのは、竜宮の乙姫が病気になることである。竜宮は不老不死《ふろうふし》の聖地とされるから、病気などしないであろう。もし病気にかかったとしても、竜王《りゅうおう》の力は万能なので、猿の生き肝に拠《よ》らなくても簡単に治せるのではなかろうか。

実は、こうした設定になったのは、物語がインドの説話を原型にしていることに関係があると考えられている。

インドで編纂《へんさん》された釈迦《しゃか》の過去世《かこぜ》物語『ジャータカ』には、鰐の妻に「猿の心臓を食べたい」とねだられた夫が、猿をだまして心臓を奪おうとする説話がある。この伝承が中国や朝鮮半島を経て日本に伝わると、『今昔物語集《こんじゃくものがたりしゅう》』で鰐が亀に、心臓が肝になるなど変化した。

さらに十六世紀後期の『月庵酔醒記《げつあんすいせいき》』の類話は、「竜宮の乙姫」とはじまっていて昔話とほぼ一致し、同じような物語が十九世紀はじめの『燕石雑志《えんせきざっし》』に記録されている。

また古来、猿は山の神、あるいはその使いとして神聖視されてきた。そして、猿の脳は神経痛に、胆を干したものは婦人病に効くと尊重されてきた。そうしたことも物語の形成に影響したようである。

第三章
昔話を楽しむ

金太郎

――まさかりをかついだ怪童の多くの異説とその真相

◇金太郎のモデルになった人物

「まさかりかついだ金太郎《きんたろう》、クマにまたがり、お馬のけいこ――」。この歌を知らない大人はいないいないだろう。明治三十三（一九〇〇）年発行の『幼年唱歌《ようねんしょうか》』に掲載されて以来、百年以上も歌い継がれてきた「金太郎」である。

日本には古くから怪力の少年をめぐる物語が伝わっている。少年は山中で誕生し、動物に護《まも》られ、のちに英雄となる。そうした怪童《かいどう》のひとりが金太郎と名づけられ、その物語は特定地域における固有の伝承（＝伝説）となり、江戸時代には浄瑠璃や歌舞伎などに取り上げられた。明治時代には、児童文学者・巖谷小波《いわやさざなみ》が「金太郎」を編《あ》んだ。そのあらすじはこうである。

昔むかし、相模国《さがみのくに》（神奈川県）の足柄山《あしがらやま》の山奥に金太郎が住んでいた。小さなころから怪力の持ちぬしで、山の動物たちと遊んだり、相撲《すもう》を取ったりしていた。

あるとき、金太郎と動物たちは谷にさしかかったが、橋がなかった。そこで金太郎は、近くにあった大木を引っこ抜き、その木を向こう岸へかけて橋の代わりにした。

それを見ていたのが日本一の侍《さむらい》大将《だいしょう》といわれる源《みなもとの》頼光《よりみつ》だった。頼光は金太郎の力を見込んで家来に取りたてた。

その後、金太郎は坂田金時《さかたのきんとき》と名のり、大江山《おおえやま》の鬼（酒呑童子《しゅてんどうじ》）を退治したり、土蜘蛛《つちぐも》を討つなどの功を挙げた。


平安時代中期の武将・源頼光に見込まれた金太郎が怪力を生かして武勲《ぶくん》を挙げるという出世物語である。それも、お伽草子（室町物語）の鬼退治物語『酒呑童子』にかかわっている。子どもの日に飾る五月人形の愛らしい金太郎は、男子が武人となることを予祝《よしゅく》したものである。

実は、この金太郎にはモデルになった人物がいたとされている。金太郎が成長後に名のったという坂田金時その人である。金時は頼光の家来となり、渡辺綱《わたなべのつな》、碓《うす》井貞光《さだみつ》、卜部秀武《うらべひでたけ》とともに武勇に優れた「四天王《してんのう》」に数えられている。

しかし、金時が実在したかどうかは不明である。渡辺、碓井、卜部の三人にはその出生や経歴を伝える文献などがあるが、金時にはそうしたものはない。つまり、金時は多分に伝説的な存在といえる。少年の怪力を話題とする普遍的な伝承が「金太郎」の物語となったとき、主人公の成人後にふさわしい人物として金時が造形化されたとも考えられる。

◇金太郎は山姥と雷神の子だったのか

また、金太郎の母は山姥《やまんば》だともいわれている。山姥とは、山の神に仕える老いた巫女《みこ》とも、老女の姿で山中に出没する化け物とも信じられてきた。つまり、人間に幸いをもたらすこともあれば、災いを及ぼすこともあるのが山姥だが、「金太郎」の山姥は、いうならば山の神の子を育てる存在である。

昔話において主人公を慈《いつく》しむ山姥は、「姥皮《うばかわ》」「糠福米福《ぬかふくこめふく》」に登場する。これに対して恐ろしい山姥は、「牛方山姥《うしかたやまんば》」「三枚のお札《ふだ》」「食わず女房」「天道《てんと》さん金の鎖《くさり》」に登場する。

神奈川県南足柄市の伝承によると、金太郎の母は足柄山付近に住んでいた足柄兵《へい》太夫《だゆう》という長者の娘、八重桐《やえぎり》だという。八重桐は酒田《さかた》氏に嫁いだものの一族の争いのなかで夫を亡くし、実家に帰って金太郎を産んだ。その後、八重桐は夫を亡くした悲しみから心を病み、金太郎を連れて山奥に引きこもった。そしてついには山姥になってしまったという。

金太郎の出自《しゅつじ》にまつわる異説はこれだけにとどまらない。母が山姥なら、父は赤竜《せきりゅう》だという説がある。民間説話によく見る、異類婚姻による英雄の誕生譚である。天和《てんな》元（一六八一）年頃に成立した『前太平記《まえたいへいき》』は、赤竜（雷神《らいじん》の化身《けしん》）が金太郎の父だとしている。

また、母の夢に赤竜があらわれたときに雷が鳴り響き、金太郎を身ごもったという伝承もある。金太郎の赤い肌は赤竜の血から発想されているのである。なお、金太郎のトレードマークであるまさかりは、雷神の武具と考えられてきたもので、のちに山中で修行する山伏《やまぶし》と結びついた。

将来、英雄となる理想の子ども。金太郎は人々のそうした願いからつくり上げられたため、さまざまな異説をまとっている。

金太郎山狩

まさかりを手にして熊に乗った金太郎。赤い肌は、赤竜と山姥のあいだに生まれた子であることを示しているとされる
(国会図書館提供)

第三章 昔話を楽しむ

鬼の子小綱

——鬼と人間のあいだに産まれた子どもの悲劇

◆鬼にさらわれた娘が子を宿す

毎年二月はじめの節分《せつぶん》の日には、鬼を追い払うために豆をまいたり、ヤキカガシ（焼いたイワシの頭を柊《ひいらぎ》の枝に差したもの）を戸口に下げたりする。こうした節分の風習の由来を説く昔話に「鬼《おに》の子小綱《こづな》」がある。

昔、父母と娘がいた。あるとき、娘は鬼にさらわれて女房にされてしまい、男児を身ごもった。娘を捜しに出た父親は、川向こうの鬼の家を訪ねたが、娘は「鬼に食べられてしまいます」と父親を櫃《ひつ》のなかに隠した。

そのうち鬼が帰ってきて、「人間臭《くさ》い」と父親の存在に感づく。娘は「お腹のなかの赤子のにおいでは」とごまかし、男児を産んで小綱と名づけた。

その後、娘は父親と小綱とともに舟に乗って逃げだす。鬼も凄《すさ》まじい勢いで追ってきて、川の水を飲み込むと、舟は逆戻りしかけた。

すると、娘は鬼に向かって腰巻《こしま》きをまくりあげ、自分の尻を叩いて見せた。これを見た鬼が大笑いして水を吐き出したため、三人は無事に里に帰ることができた。

しかし、成長した小綱は人間を食べたくなる。結局、鬼としての本能には勝てず、小綱は柴《しば》のなかに入り、そこに火をつけてもらって自殺した。その灰はやがて風に吹かれて蚊《か》になり、人間の血を吸うようになった。


「鬼の子小綱」は東北地方や北陸地方を中心に広く分布している。例話は岩手県の伝承だが、地域によっては、単に鬼にさらわれるだけでなく、田んぼに水をかけてもらったり、木を伐ってもらう代わりに娘を差しだすという展開も見られる。

◆陰部を露出する女神たち

物語の山場は、鬼からの逃走シーンである。鬼に追われる緊迫した場面で、娘は鬼に向かって腰巻きをまくり上げ、尻を叩いて見せるのである。

実は、こうした行為は神話などの伝承物語の世界ではさほど珍しくない。たとえば『古事記』には、岩屋《いわや》に隠れた天照大神《あまてらすおおみかみ》をおびき出すため、天鈿女命《あめのうずめのみこと》が乳房を出し、裳《も》の紐《ひも》を女性器のところまでずり下げて踊り狂う。これを見て神々は大笑いし、天照大神も岩屋から顔を出すというエピソードが載っている。

また古代インドの聖典『リグ・ヴェータ』では、曙《あけぼの》の女神ウシャスが太陽神の出現に先立ち、天鈿女命と同じように裸体をさらけ出す。この行為の目的は、太陽の進む道をあらかじめ切り開いておくことにあるといわれている。

ギリシア神話でも女神が陰部を露出している。豊穣《ほうじょう》の女神デメテルが娘をさらわれ、怒りと悲しみで世界が不作になったとき、女神バウボーが陰部を見せて踊った。するとデメテルは笑って機嫌を直したという。

「鬼の子小綱」での娘のみだらなしぐさは、女神が女性器を露出させて世界の安定をはかるのと同じはたらきをしている。そうした面は、女性の陰部を豊穣のシンボルとして捉《とら》える民俗信仰にもあらわれている。

小綱の最期の場面も注目される。

小綱は鬼の世界から人間の世界に帰還したものの、成長後、鬼の性《さが》として人間を

世界で見られる女神の露出

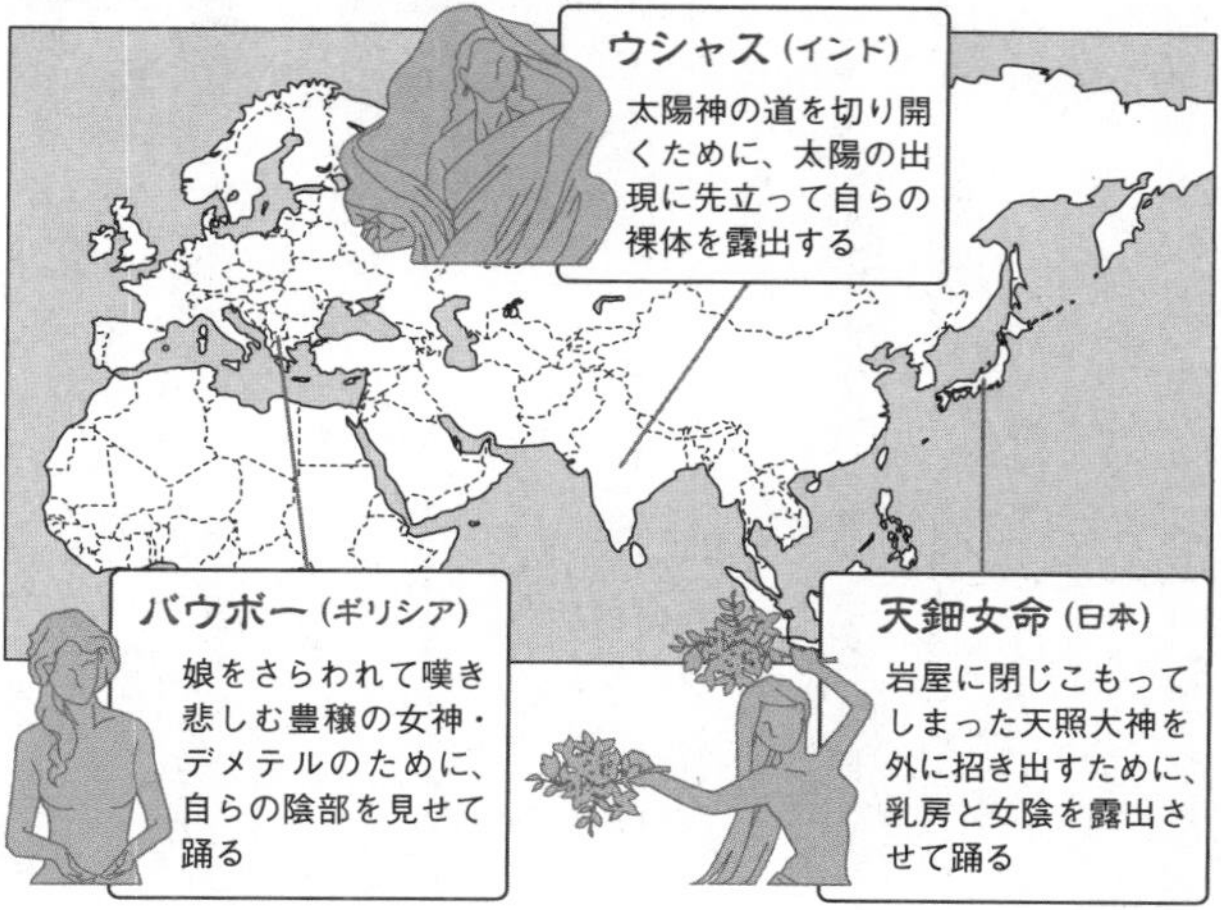
ウシャス（インド）
太陽神の道を切り開くために、太陽の出現に先立って自らの裸体を露出する
バウボー（ギリシア）
娘をさらわれて嘆き悲しむ豊穣の女神・デメテルのために、自らの陰部を見せて踊る
天鈿女命（日本）
岩屋に閉じこもってしまった天照大神を外に招き出すために、乳房と女陰を露出させて踊る

喰い殺したくなり、自ら死を選んだ。それは悲惨《ひさん》なものだった。本人の遺言《ゆいごん》によって死体がバラバラにされ、頭や手足を串刺しにしたものが鬼除《よ》けとして家の戸口に下げられた。また、小綱が目玉に石をぶつけるように言い残す伝承もある。

強烈なパワーをもつ鬼を退散させるには、こうした残酷な設定が必要なのだった。

なお、邪悪なものから逃げるという昔話に、「天道さん金の鎖」「三枚のお札」「牛方山姥」「食わず女房」などがある。

第三章
昔話を楽しむ

姥捨山

——老いた親とその子の恩愛を描いた無残な棄老説話

◇現実か、物語か

歳をとり働けなくなると、収入が途絶えて生活が苦しくなる。現代社会でも深刻化している問題だが、伝承の物語に老人を山へ捨てにいくというものがある。「姥《うば》捨山《すてやま》」である。この伝承は全国各地で採集され、インドや中国にも類話が見られるが、ここでは『今昔物語集』に収録されたものを紹介しよう。

昔、信濃《しなの》国更級《さらしな》の里（長野県千曲《ちくま》市のあたり）に、ある夫婦が年老いた母親（実母の姉妹、叔母もしくは伯母）と暮らしていた。最初は仲良くしていたが、嫁は内心ではこの老母のことを嫌っており、日に日に憎しみの気持ちを募《つの》らせていく。夫も妻の老母に対する悪口を聞いているうちに感化され、夫婦そろって老母を疎《うと》ましく感じるようになった。

棄老伝説の舞台

姨捨

棄老伝説の中心地。現在は江戸時代中頃から明治時代初期にかけて開田された棚田が広がる。姨捨駅は善光寺平を一望する日本三大車窓のひとつとしても知られている

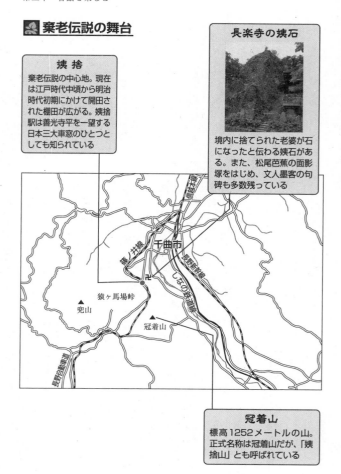

長楽寺の姨石

境内に捨てられた老婆が石になったと伝わる姨石がある。また、松尾芭蕉の面影塚をはじめ、文人墨客の句碑も多数残っている

冠着山

標高1252メートルの山。正式名称は冠着山だが、「姨捨山」とも呼ばれている

ある日、妻は夫に老母を深い山に捨ててくるようにいう。夫は当初は聞かぬふりをしていたが、毎日責め立てられるうちに、ついに老母を捨てる決心がついた。

八月の十五夜の晩、夫は「お寺にお話を聞きに行きましょう」と老母に嘘をつき、老母を背負って山に登った。そして山頂近くで老母を降ろすと、その場から逃げ出した。「おおい」という老母の呼び声が聞こえたが、返事はしなかった。

しかし夫は家に着くと、後悔《こうかい》の念に襲われる。床《とこ》に入っても眠れなかったので、老母を家に連れ帰り、また面倒を見ることにした。そして二度と同じことをするまいと誓った。

◆捨てられた老婆が国を救う

長野県には古くから姥捨山伝説があった。民俗学者の柳田國男《やなぎたくにお》は、その伝説が変化して次に挙げる「姥捨山」の昔話になったと推察している。

昔、信濃国の殿様《とのさま》が七十歳以上の老人を捨てるようお触《ふ》れを出した。若者はお触れに従い老母を山へ捨てようとしたが、捨てられずに家に連れて帰ってかくまった。

その頃、隣国が「灰で縄張《なわばり》を綯《な》え、曲がった穴の空いた玉に糸を通せ。できなければ国を攻める」といってきた。この難題に対し、老母は「塩水に浸した藁《わら》で縄を綯え、穴の一方に蜜《みつ》を塗り、糸をゆわえた蟻《あり》を通させよ」と知恵を授け、危機を乗り切った。それ以降、信濃国の殿様は老人を大切にするようになった。

昔話の「姥捨山」は地域によってさまざまなパターンがあり、大きく四つの話型に分かれている。

最も広く分布しているのが例話の「難題型《なんだいがた》」である。難題型は東西ヨーロッパ、中央アジア、インドなどにも分布しており、「蛇の雌雄《しゆう》を判別せよ」「牝牛の体重をはかれ」といった難題が日本の難題型と共通していることから、それらは大陸から日本に入ってきたものと考えられる。

また、息子がその子と一緒に親をもっこ（土などを運ぶ、縄を網目《あみのめ》に編んだ道具）に入れて捨てにいくが、もっこを置いて帰ろうとすると、子に「今度はお父さんを運ぶときに使う」といわれ、悔《く》いて親を連れ帰るという物語を「もっこ型《がた》」という。これも『ジャータカ』などに類話があり、大陸から伝わった可能性が高い。

さらに、山に捨てられる老人が途中の道で目印に木の枝を折っておき、子どもがそのわけを聞くと、我が子が山で迷わないようにしたと答えるパターンの話を「枝《えだ》折《お》り型《がた》」、捨てられかけた老人が不思議な力によって富を得、捨てるように仕向けた嫁が罰を受けてひどい目にあうという物語を「懲罰型《ちょうばつがた》」という。これらは中世の説話集に記されていて、古来の伝承のように記載されている。

社会全体が貧しく、しかも飢饉《ききん》などが起これば、老人や病人、子どもなどの弱者が共同体から追い出されたことは想像に難《かた》くない。しかし、もともと日本にそうした風習はなかったとされる。

昔話や伝説では、老人を山に捨てて終わる物語はほとんど存在せず、何らかの形で連れ帰ることになっている。語り伝えてきた人々は、そこに救いを感じていたのであろう。

第三章
昔話を楽しむ

糠福米福

――継子が幸せをつかみとる日本版「シンデレラ」

◇世界中に広がる「シンデレラ」型説話

継子《ままこ》いじめの物語といえば、ヨーロッパの「シンデレラ」が有名である。継娘が継母とその実子にいじめられるが、妖精《ようせい》の助けで舞踏会《ぶとうかい》に出かけ、ガラスの靴《くつ》が縁で王子と結ばれる。『グリム童話』などで語り継がれるこの物語は、世界中で愛されている。

「シンデレラ型」の物語は、中国唐《とう》代の『酉陽雑俎《ゆうようざっそ》』に収録された「葉限《しょうげん》」、朝鮮半島の「コンジ・パッジ」など、アジアにもたくさん伝わっている。チベットの「ターロン・ターカー」などはヨーロッパの伝承とよく似ている。

日本も例外でなく、昔話では「糠福米福《ぬかふくこめふく》」（「米福粟福《あわふく》」「継子の栗拾い」ともいう）という継子譚《たん》がある。そのあらすじを掲げておく。

糠福、米福という姉妹がいた。姉の糠福は先妻の子、妹の米福は後妻の子だった。

あるとき、継母は糠福に穴の空いた袋を、米福には穴の空いていない袋を渡して、山へ栗拾いに行かせた。糠福がどんなに栗を拾っても袋の穴から抜け落ちてしまう。一方、米福は糠福が落とした栗を拾ってすぐに袋をいっぱいにした。

糠福の袋は日が暮れそうになってもいっぱいにならなかった。しかし、山の小屋にいた山姥が糠福の袋の穴を縫って栗を入れてくれた。そのうえ山姥は、糠福に赤い小袖《こそで》が入ったつづらをくれた。

米福にもつづらをくれたのだが、そのなかに入っていたのは虫や蛇や牛の糞《ふん》だった。

後日、長者の家に神楽《かぐら》がやってくるというので、継母は米福を連れて出かけた。糠福も見物に行きたかったが、家の仕事を押しつけられていたため外出できなかった。

糠福が泣きながら家の仕事をしていると、隣の婆さんがやってきて、「仕事

世界各地のシンデレラ

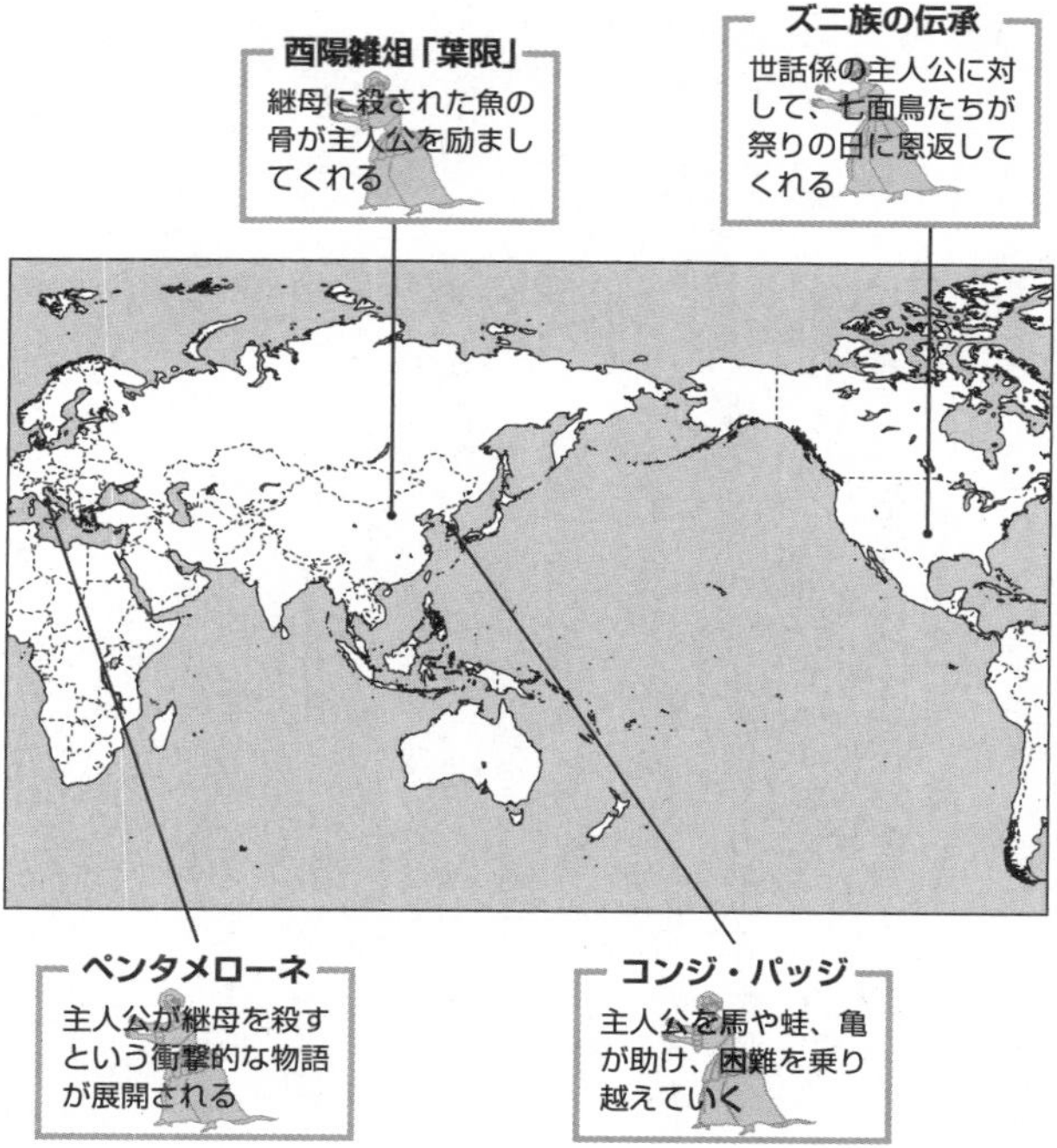
酉陽雑俎「葉限」
継母に殺された魚の骨が主人公を励ましてくれる
ズニ族の伝承
世話係の主人公に対して、七面鳥たちが祭りの日に恩返ししてくれる
ペンタメローネ
主人公が継母を殺すという衝撃的な物語が展開される
コンジ・パッジ
主人公を馬や蛙、亀が助け、困難を乗り越えていく

はおらがやっておくから、早く神楽を見に行け」という。

喜んだ糠福は身だしなみをきれいに整え、山姥からもらった小袖を着て出掛けた。

それから二、三日後、糠福は長者に見初《みそ》められ、嫁にほしいと望まれる。継母は米福を長者の嫁にしようとあれこれ手をつくすが、長者は拒否して糠福を選んだ。

継母と米福は、あぜ道を歩いているとき、田んぼに落ちて田螺《たにし》になってしまった。

これは岩手県で語られていたものだが、同じような物語が東北地方を中心として全国各地に広がっている。姉妹が山へ取りに行くものが栗ではなくて椎《しい》の実やどんぐりだったり、継子を助けるのが山姥あるいは老婆だったりという違いはあるものの、最後は継子が幸せになり、継母と実子が田螺や宮入貝《みやいりがい》になってしまうという展開は変わらない。

山姥

子どもをさらって食べるなど恐ろしさばかりが強調されるが、情け深さも持ち合わせている（『山姥の黒焼』より 国会図書館提供）

◇物語のカギを握る山姥

この物語で注目されるのが、継子を助ける山姥である。

先にも述べたが、山姥とは、山の中に住む老婆の姿をした妖怪で、口が耳まで裂けていて牙《きば》があり、何でも食べてしまう。

人間の子どもをさらって食べることもあり、「糠福米福」には、山姥が山深くの一軒家で赤子の股肉《ももにく》を串に刺して火にあぶっている様子が語られている。

このように、山姥は人間にとって恐るべき存在なのだが、ときには慈悲深《じひぶか》い面を見せている。

「糠福米福」では糠福を助け、「金太郎」では山姥が男児を育てたことになっている。こうした人間を助けたり育てたりする神格的な女性には、かつての大地母神《だいちぼしん》の信仰が反映している。

ヨーロッパの「シンデレラ」では、魔法使いが主人公を幸せに導くケースがある。魔法使いは山姥と同様に共同体の外に住み、両者は超人的なパワーを発揮するなどの共通点が多く、比較文化の視点からも注目される。

第三章
昔話を楽しむ

食わず女房
――化け物を嫁にした欲深い男に降りかかる災難

◇何も食べないから…と結婚を迫る謎の女

昔、炭焼《すみやき》を仕事にしている欲深い男がおり、「飯を食わない嫁がほしい」といつも思っていた。そんな折、若い女が訪ねてきて、「飯を食べないから嫁にしてほしい」という。男が喜んで嫁にすると、女は言葉どおり何も食べずによくはたらいた。

しかし、女は男の留守中に蔵からたくさんの米を出して握り飯をつくり、大食いしていた。ある日、男が仕事に出たふりをして隠れて見ていると、妻は髪の毛をかきわけて大きな口を出した。そして頭の口と下の口へ、どんどん握り飯を放り込んだ。

男は女の前で何も見なかったように振る舞い、「もうお前に用はない」といって、女に離縁《りえん》を申し渡した。

正体を見られたと悟《さと》った女は「出ていくから何かくれ」といい、男が「大きな風呂桶《ふろおけ》をもっていけ」と返すと、その風呂桶に男を押し込んで山へかついでいった。

隙《すき》をついて桶から脱出した男は、急いで山を下りようとするが、男が逃げたことに気づいた女はすぐに追いかけてくる。

そこで男は、菖蒲《しょうぶ》と蓬《よもぎ》が生えている草むらに隠れることにした。女は草むらが人間臭いので男が隠れているとわかったが、菖蒲と蓬はからだに毒だからと帰っていった。女は山姥（蜘蛛《くも》とも）であった。

こうして男は命拾いした。この日が五月五日だったことから、それ以来、端午《たんご》の節句《せっく》には菖蒲と蓬を飾るようになった。


男が理想としていた飯を食わない女は大飯食《おおめしく》らいの化け物だった――この物語を「食わず女房」という。全国各地に分布しており、例話には新潟県のものを挙げた。

妖《あや》しい女は頭の上にも口があり、「そら下の口も食え、上の口も食え」といって、一斗《と》（一八リットル）もの飯を食べてしまう。これには男もさぞかし驚いただろう。

◇女の正体によって異なる物語の展開

女の正体は関東・東北地方では山姥あるいは蛇、関西・九州地方では大蜘蛛と、東西で異なっている。そして、それぞれが行事の由来譚ともなっている。

東日本では、男は化け物を菖蒲と蓬が有するという魔《ま》を払う力によって撃退する。これが菖蒲と蓬を端午の節句に飾り、茅葺《かやぶ》き屋根や軒下《のきした》に挿《さ》す民俗行事のはじまりだと語る。

一方、西日本では、女を蜘蛛

食わず女房

後頭部にも口があり驚くほどの食物を喰らう
（『百鬼夜行絵巻』より 国会図書館提供）

だと知った男は、山に連れ去られる途中で桶から脱出して家に帰る。その夜、再び蜘蛛が男を捕まえにくる。しかし、男は蜘蛛が囲炉裏《いろり》の自在鉤《じざいかぎ》を伝って忍び寄ろうとしたところを退治する。ここから、「夜の蜘蛛は親に似ていても殺せ」という教訓を引き出している。

もっとも、東西どちらも男は山から無事に逃げ帰っている。また民俗社会では、山姥や蛇、大蜘蛛を山の神やその使者と観想《かんそう》してきた。「食わず女房」は山の神を畏敬《いけい》して妖怪的な面を付着させ、また人間が知恵によって苦難を克服するとの教えを語っている。

一方、世界にはよりスケールの大きな伝承がある。西アフリカの民話「大食いひょうたん」は滑稽《こっけい》でありながら、どこか恐ろしい。この物語に出てくるひょうたんは「お肉が食べたい」といって、山羊《やぎ》の群れ、羊《ひつじ》の群れ、牛の群れ、らくだの群れを食べ、さらに鶏、ほろほろ鳥、鴨《かも》、鳩《はと》、そして奴隷《どれい》や牧童《ぼくどう》までも食べてしまう。

このように誇張によって笑いを取る物語を「大話《おおばなし》」というが、猛烈な食い荒らしは世界の消滅を意味しているようで何とも不気味である。

第三章
昔話を楽しむ

化け物寺

――「もったいない」を教える古道具の精たち

◇歌って踊る化け物たち

闇《やみ》に立ちあらわれる鬼、怨《うら》みを残して死んだ者の幽霊《ゆうれい》、おどろおどろしい姿形で行進する妖怪《ようかい》……。かつて人々は自然災害や素朴《そぼく》な霊魂観《れいこんかん》からさまざまな恐怖の存在を語り、それを怪談《かいだん》に仕立てあげてきた。昔話にも怪異や不思議をテーマとしたものが多い。その代表格が「化《ば》け物寺《ものでら》」である。

昔、托鉢《たくはつ》して歩いている偉い和尚《おしょう》がいた。ある秋の晩、宿がとれなかったため荒れ寺に泊まったところ、夜中ににぎやかな音がする。

何事かと思って和尚がふすまの穴から隣の部屋をのぞくと、こわれた傘《かさ》や七輪《しちりん》（土製のコンロ）、ふちのかけた皿、柄《え》の抜けた柄杓《ひしゃく》、ふたのない茶釜《ちゃがま》、鼻緒《はなお》の切れた下駄《げた》などがより集まって、「カラカサ、バラリン」「スズリン、スズリン、スンスズリン」「サラコ、サラリン、サラサラリン」などと恨めしそうに歌いながら踊っている。

和尚は驚いたが、見ているうちに化け物たちの気持ちがわかってきた。そこで鉦《かね》を叩いてお経《きょう》を唱えると、化け物たちは押し入れのなかに消えてしまった。

翌朝、和尚は押し入れを開けて、傘や七輪などをすべて出し、丁寧《ていねい》にとむらってやった。それから化け物はあらわれなくなった。

古い道具が変化《へんげ》して化け物となり人を脅かす。それを付喪神《つくもがみ》という。例話は宮城県で語られてきたものだが、地域によって化け物になる道具は異なる。

不気味な雰囲気を醸《かも》しながらも、妖怪がそれぞれの道具の名をもじって歌い踊っているところはユーモラスである。そして最終的にはものを大切に扱い、世話になったものには感謝の気持ちをもつべきだとの道徳を提示している。

◆荒れ寺にあらわれる化け物の正体は

「化け物寺」と同じ系統の話に「化け物問答《もんどう》」という物語もある。こちらは、僧と動物などが変化した化け物との術くらべの体裁《ていさい》をとる。

昔、行脚《あんぎゃ》する僧がある村に夕暮れになって着いたが、泊まるところがない。

いろいろな化け物

日本人はさまざまな化け物や妖怪を昔話に取り入れてきた
（『百鬼夜行絵巻』より 国会図書館提供）

そこで荒れた寺に入った。夜がふけると、ガラガラと戸が開き、「てえてえ小《こ》法師《ぼうし》いるかあ」といって次々に化け物たちがやってきた。

化け物たちはそれぞれ東林《とうりん》の馬頭《ばとう》、南水《なんすい》の魚《ぎょ》、西竹林《さいちくりん》の一眼《いちげん》の鶏《けい》を名のったが、僧はそれらの正体が東の林に住む馬《うま》の頭《あたま》、南の池に住む鯉《こい》、西の薮《やぶ》に住む片目《かため》の鶏《にわとり》だと見破る。そして「自分は天井《てんじょう》に住む椿《つばき》の槌《つち》であるぞ」と言うと、化け物たちはひとしきり騒いで消えていった。

翌朝、僧が村人と周囲を探すと、池には苔《こけ》の生えた古い鯉が、林には大きな馬の頭が、薮には片目の鶏がいた。天井で見つかった槌を割ったら、槌から血が出た。

そして僧が和尚になって寺で暮らしはじめると、化け物はあらわれなくなった。

この物語は報《むく》われなかった生き物や道具の霊の慰撫《いぶ》をすすめているが、「どなたでござる」「東林の馬頭でござるう」などと、会話がリズミカルに表現されており、娯楽として語り継がれていたこともうかがえる。

『化け物寺』に登場する化け物の正体

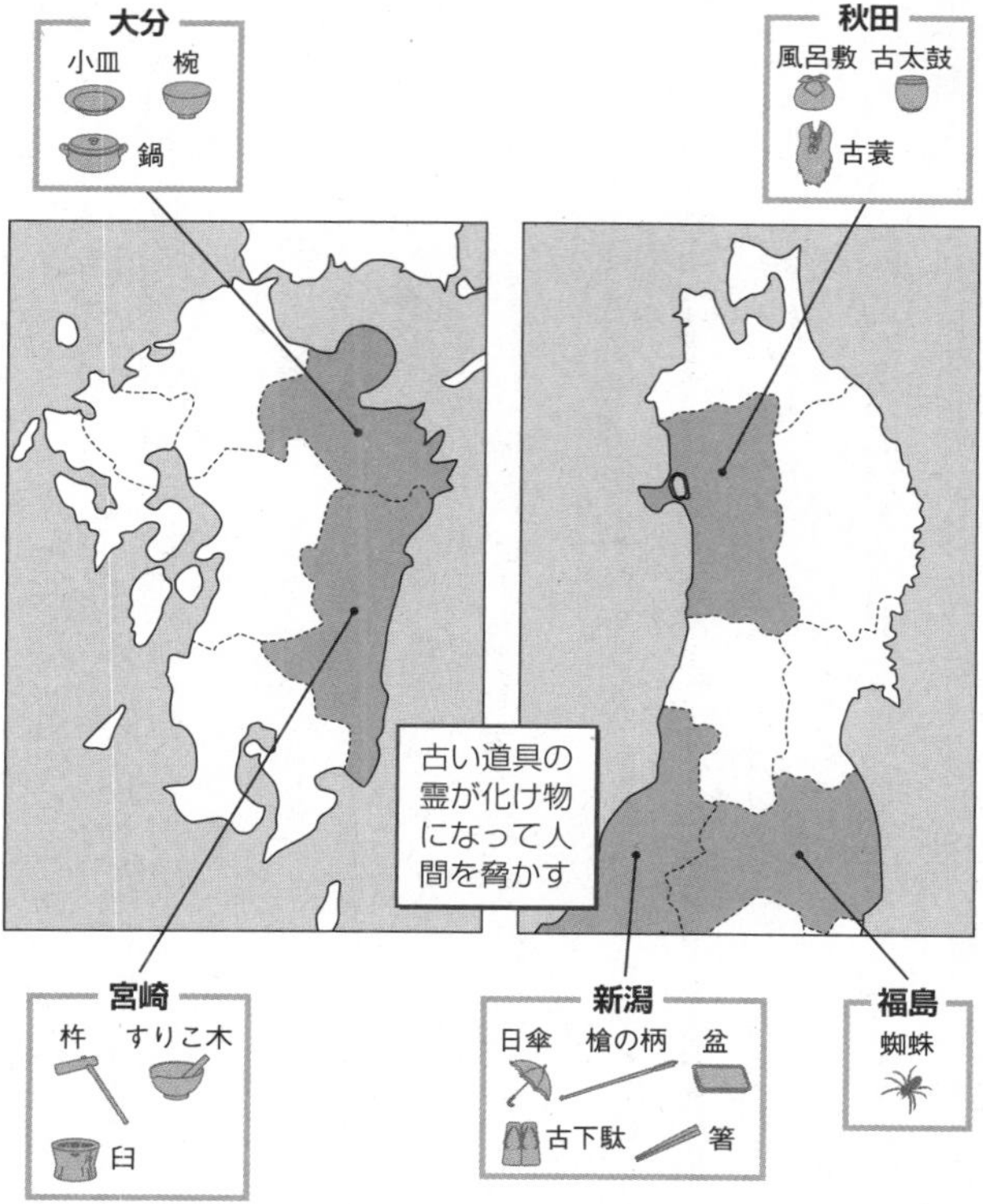

第三章
昔話を楽しむ

サンタトリピナ
――月の模様の起源を伝えるカムイユーカラの代表作

◇怠け者は月送りにされてしまう

北海道を中心に居住してきたアイヌ民族は、かつては文字をもたず伝承による文化を発達させてきせた。口承《こうしょう》文芸も非常に豊かで、カムイユーカラ（神話）、ユーカラ（英雄叙事詩）、ウェペケレ（節をつけずに口語の散文で語られる昔話）の三つの物語群を伝えている。

カムイユーカラとユーカラは、「私は～をした」という一人称で語られる点に特徴がある。また語り手が節をつけ、絞り出すような声での語り方も独特である。ここでは「サンタトリピナ（月のなかの少年）」というカムイユーカラを紹介する。

私（神、老婆）は怠け者の少年に川へ行って水を汲《く》むようにいいつけた。少年は囲炉裏《いろり》の炉縁《ろえん》や戸柱《とばしら》を叩きながら「お前は水を汲まなくていいなあ」と不平をいいながら出て行き、なかなか帰ってこない。

そこで私は少年を探しに出かけた。川沿いを歩いていると、アメマスやウグイなどの魚がきたので、少年の行方《ゆくえ》を尋ねたが、魚たちは「その少年はわれらに悪口をいった。そんな奴など知らん」と行き先を教えてくれなかった。

やがて神の魚（鮭《さけ》）がやってきたので、私はまた尋ねた。するといつも人間に讃《たた》えられている神の魚はこう教えてくれた。「少年があまりに仕事を嫌ったので月の神に捕えられ、いまは月のなかの人になっている」と。私が空を見上げてみると、少年は本当に月のなかの人になっていた。


カムイユーカラは、神が自分の体験談を語るという形式が通例だが、ここでは老婆が語り手のように設定されている。

物語中、人間が物や魚に語りかけているのは、自然を敬《うやま》い重んじる民族の精神のあらわれである。怠け者や物を粗末《そまつ》に扱う者は、月の神に月へ連れて行かれてしまうと子どもに教えている。同時に、月の模様の起源譚となっている。月に人が住んでいるとの伝承は、北方諸民族や東南アジアにもあり、比較すると面白い。

第三章
昔話を楽しむ

日の神救出
――半神半人の文化英雄・オキクルミによる世界の救済

◆魔神から日の神を救出したオキクルミ

カムイユーカラのなかに「オキクルミ（聖伝《せいでん》）」というものがある。オキクルミとは、人間に生活におけるすべての知識を与えたとされる半神半人《はんしんはんじん》の文化英雄のことで、その英雄が世界の創世《そうせい》など自分が行なったさまざまな体験を語っていく。なかでもよく知られているのが「日《ひ》の神救出《かみきゅうしゅつ》」である。


私（オキクルミ）は山の城でいつも平和に暮らしていた。

ある日、ケムシリ山の神が慌《あわ》ててやってきて、こういった。

「これ、オキクルミ。お前ほどの者がなぜ気づかなかったのか。大悪神《だいあくしん》が日の神を飲みこんで連れ去り、幽閉《ゆうへい》してしまった。人間の国は常闇《とこやみ》になり、神も人間も眠りに眠り、疲れ果てて何人も死んでしまった。神々が救出に向かったが、みな赤子《あかご》に変えられてしまい、もはや日の神を助けられるのはお前しかいない」

そこで私はケムシリ山の神とともに大悪神のもとへ向かった。

居城に着き、風に姿を変えて城内に侵入すると、そこには片方の目がごま粒のように小さく、もう片方の目は満月のように大きい魔神《まじん》がいた。

私はまず、日の神が閉じ込められている箱を開けて救出し、雲の舟をつくり、それに日の神をのせて空へ逃がした。すると地上の国は明るく照り輝いた。その後、人間の世界で大悪神と戦うのは人里が気がかりなので、大悪神を黄泉国《よみのくに》へ送り込み、六年間戦って勝利した。

私は人間に末永く敬われるようになった。

大悪神の暴虐《ぼうぎゃく》によって人間界は暗闇に包まれてしまったが、オキクルミが日の神を救出し、人間界は明るくなる。

アイヌはこうした大厄難《だいやくなん》解消の物語を多く伝える。

太陽の異変を恐れた人々はその再生を神話として創り出し、それが民間の伝承ともなった。『古事記』における天照大神の復活譚はそのひとつである。

オモイマツガネ

——太陽の光に感じて子を宿す南の島の日光感精神話

◇ユタの起源を説く

アイヌ同様、奄美《あまみ》から沖縄《おきなわ》にかけての南西諸島の人々も、歴史面や地理・気候面から日本本土とは異なる文化を形成してきた。そのため、昔話も独特なものが多い。南西諸島の気候の特徴のひとつが、さんさんと降り注ぐ太陽の日射しである。次に紹介する「オモイマツガネ」は、日の光をモチーフにした物語である。

オモイマツガネ（思松金）という美しい娘がいた。あるとき、オモイマツガネが川で洗濯していると、太陽の光を受けて気が遠くなってしまい、子を孕《はら》んだ。神の子なので出産まで十二ヵ月かかった。七歳になった男の子は「父なし子」といじめられる。そこで男の子は、母に「父のことを教えてほしい」と頼んだ。すると母は「太陽だ」と答えた。

男の子はそれが本当なのかどうか、天にのぼって太陽に確かめてみると、太陽は自分の子だと認めた。太陽は、人間の手助けをさせるために、自分の子どもを人間界に送り込み、トキ双紙《そうし》（占いの本）を学ばせたのだという。

そうして母のオモイマツガネはユタの先祖になった。男の子もトキ（男性のユタ）の先祖になった。


太陽の光に感じて子を宿す伝承物語を「日光感精神話《にっこうかんせいしんわ》」という。南島のほかに鹿児県の大隅《おおすみ》神社に伝わる縁起《えんぎ》や対馬《つしま》の天道法師《てんとうほうし》縁起などが知られている。「オモイマツガネ」は奄美の島々に最も集中しており、沖縄一帯にも伝えられている。

この物語によると、ユタのルーツを太陽神の妃《きさき》・オモイマツガネとしている。実際、現代のユタたちはオモイマツガネを自分たちの先祖として崇拝している。

ユタとは、沖縄や奄美などに存在する民間の巫女《みこ》をいう。占いや予言だけでなく、死者の口寄《くちよ》せや民間療法を行ない、人々の相談にのったりしている。「オモイマツガネ」はユタの神降《かみおろ》しの祭文《さいもん》なのである。また、青森県などの民間巫女のイタコは神を祀《まつ》るときに、「オシラ祭文」をとなえる（馬娘婚姻譚《ばじょうこんいんたん》、昔話「蚕神《かいこがみ》と馬」）。

第三章 昔話を楽しむ

人魚と大津波

――明日、大津波がやってくる…村人を救った人魚の警告

◇江戸時代、人魚が大津波を予言していた

二〇一一年三月に東日本を襲った大地震と大津波《おおつなみ》による被害は記憶に新しいが、地震大国日本は過去に何度も同じような被害を経験している。

沖縄では一七七一(明和八)年に石垣島《いしがきじま》が震源と見られる地震によって大津波が発生、石垣島だけで島の人口の半数ほどの八五〇〇人もの死者が出た。この災害に引きつけた昔話に「人魚《にんぎょ》と大津波」がある。

石垣島の東海岸に小さな村があった。
ある夏の日のこと、村の老人が海岸で漁をしていると魚がかかり、勢いよく網をたぐり寄せたのだが、重くてどうにも引き上がらない。そこで村人たちの助けを借りてたぐり寄せてみると、なんと人魚がかかっていた。

明和の大津波

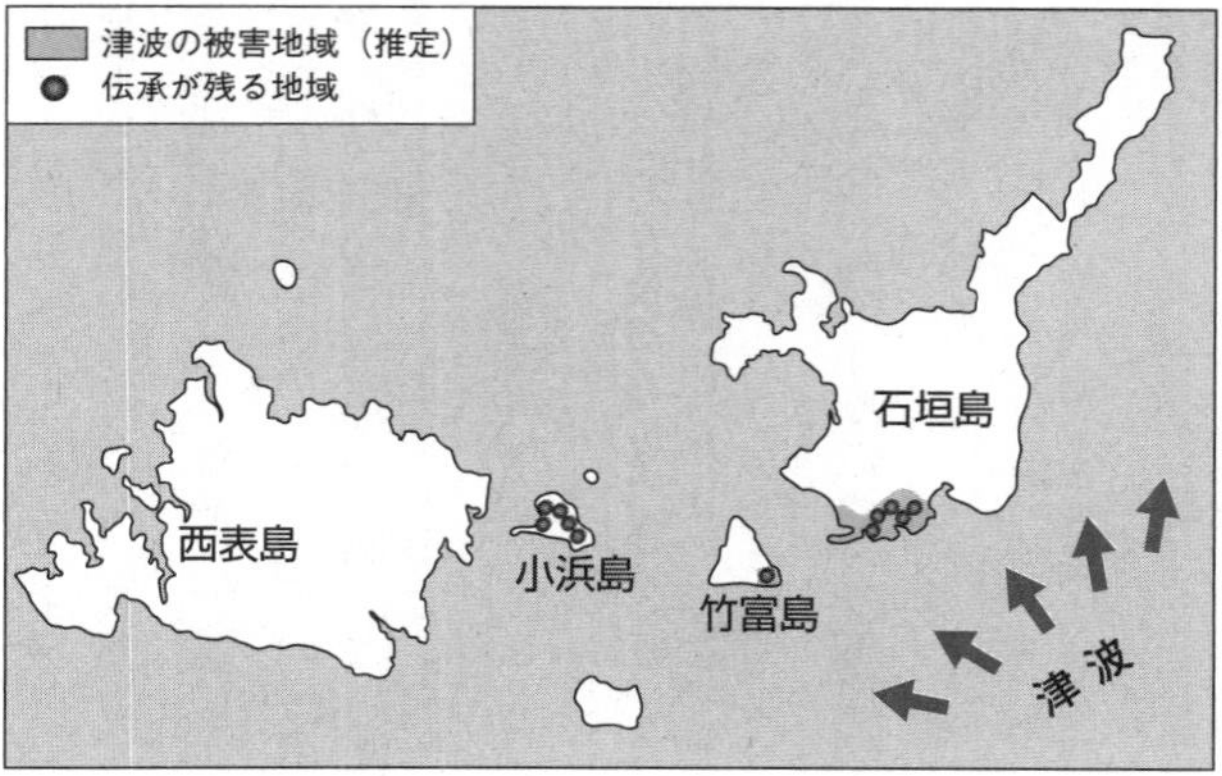

参考：OPRF

　村人たちが人魚を殺して食べようというと、人魚はしくしく泣きながら、網の主の老人（あるいは若者）にこういった。「海に帰してください。もし帰してくれるのなら、恐ろしい海の秘密を教えましょう」

　老人は人魚をかわいそうに思い、海へ帰すことにした。すると人魚は、「明日の朝、石垣島で大津波が起こります。今日のうちに山へ逃げてください」といった。

　村人たちは人魚の教えにしたがい、山の頂上に避難した。隣村にもそのことを伝えたが、隣村の人たちは誰も信じなかった。

翌朝、海は静かだったが、突然海水が沖へと一気《いっき》に引き、しばらくすると大津波になって村へ襲いかかってきた。

大津波はありとあらゆるものを押し流し、たくさんの人々が死んだ。しかし、人魚の教えを信じて山へ避難していた村の人たちは無事だった。


人魚を海に帰した者が助命《じょめい》される。これと似た伝承は八重山諸島《やえやましょとう》、宮古島《みやこじま》にも数多く残っている。

柳田國男は、人面魚体でよくものを言う「ヨナタマ」という魚を食べた者が大津波によって命を落とし、助けて上げた者は避難できたという「もの言う魚」の物語を記している。人魚は海の神の象徴なのであった。

なお、敬虔《けいけん》な老婆が助かったとの類話が『今昔物語集』『宇治拾遺物語』に載《の》っている。

第四章

なるほどこんな話だったのか！

昔話・伝説とお伽草子

第四章
昔話・伝説とお伽草子

浦島太郎

——二千年以上語り継がれてきた太郎と乙姫の恋物語

◆『風土記』の「浦島太郎」

浜で亀《かめ》を助けた浦島太郎《うらしまたろう》は、亀に連れられて竜宮城《りゅうぐうじょう》へ行き、乙姫《おとひめ》からのもてなしを受けた。しかし地上に戻ってみると何百年も時間がたっており、乙姫から土産《みやげ》としてもらった玉手箱《たまてばこ》を開けた途端《とたん》、白い煙が立ち上ってたちまち老人に……。

誰もが知る昔話「浦島太郎」のストーリーである。子どもの頃、昔むかし浦島は——の文部省唱歌《しょうか》に親しんできた私たち日本人にはたいへんなじみ深い。しかし、この物語が長い歴史のなかでさまざまに形を変えながら伝承されてきたことを知る人は少ないのではないだろうか。

「浦島太郎」の原型は、八世紀の『丹後国風土記《たんごのくにふどき》（逸文《いつぶん》）』などに記されている「浦嶋子《うらのしまこ》」に見られる。

そのあらすじは次のようになっている。

浦島伝説の舞台

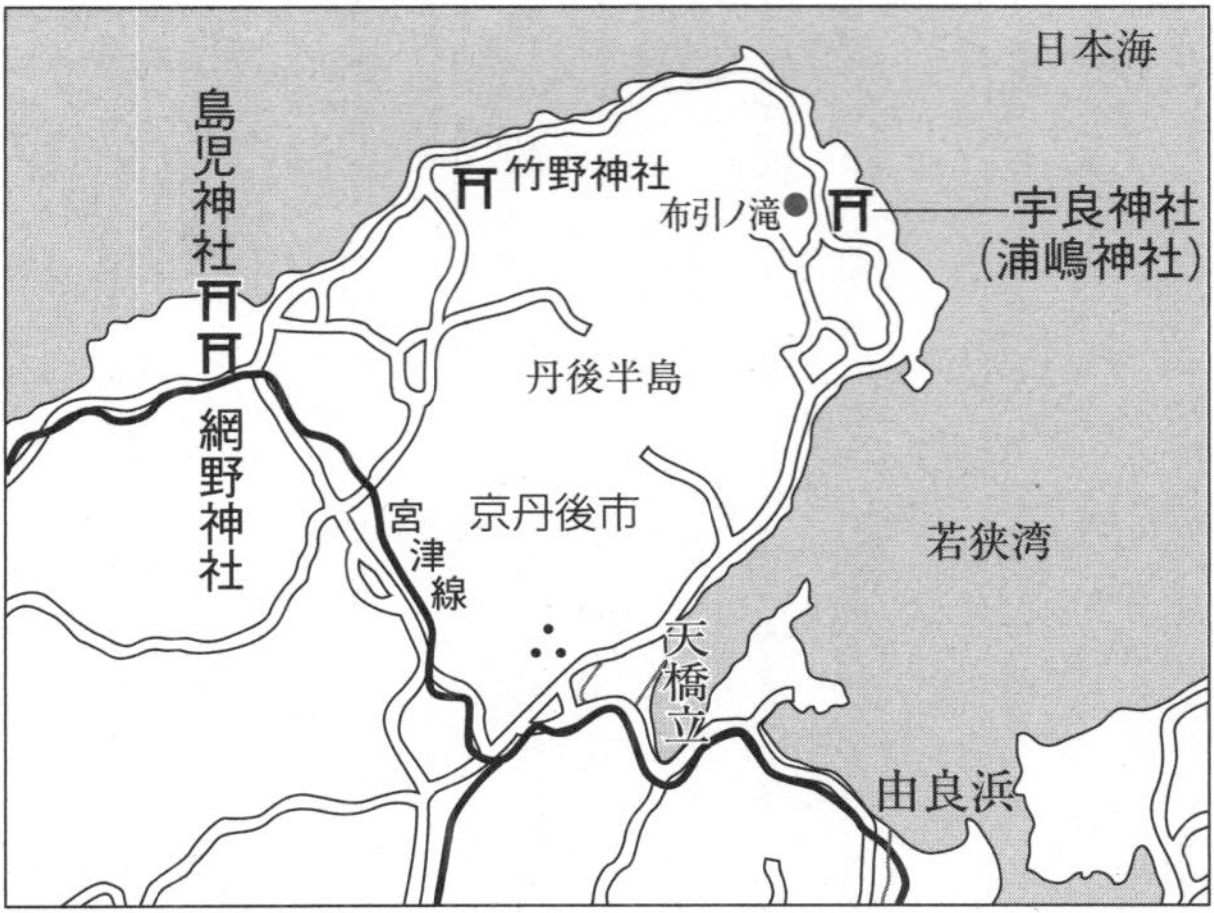

与謝郡《よさのこおり》日置《ひおき》の里（京都府宮津《みやづ》町）筒川《つつかわ》に水《みず》の江《え》の浦《うら》の嶋子《しまこ》という男がおり、舟で釣りをしているときに五色《ごしき》の亀を釣り上げた。その亀は美しい女性に化身《けしん》して、嶋子に求婚した。

これに同意した嶋子は、亀比売《かめひめ》とともに海上の蓬莱《ほうらい》山《さん》へ赴《おもむ》き、酒やご馳走《ちそう》、歌《か》舞《ぶ》の宴《うたげ》などのもてなしを受けながら毎日を過ごした。

それから三年後、嶋子は郷里が恋しくなり、亀比売から玉匣《たまくしげ》（化粧箱）をもらって地上に戻る。
ところが、地上では三百年もの歳月が流れていた。呆然《ぼうぜん》とした嶋子が玉匣を開けると良い香りが立ち上り、もう妻に会えないと悟《さと》って、むせび泣いた。

この浦の嶋子伝説は、『日本書紀《にほんしょき》』にも簡略ながら記事が見え、『万葉集《まんようしゅう》』にもほぼ同じ内容を含む歌が収録されている。

しかし、亀を助けたお礼に竜宮城へ連れて行ってもらうという恩返し的な要素はなく、玉匣を開けると白い煙が立ちのぼり、たちまち老人になってしまうという展開にもなっていない。あくまで神と人が出会い、不老不死《ふろうふし》の理想郷に赴《おもむ》くという中国の神仙《しんせん》思想にのっとった物語なのである。実際、浦の嶋子伝説が平安時代中頃から貴族のあいだで広く知られるようになったのも、神仙思想を賛美していたからであった。

◆浦島伝説のお伽草子化

それでも十二世紀末の歴史物語『水鏡《みずかがみ》』には、「浦の嶋子は玉の箱を開けたため

『風土記』の物語と現在の形の違い

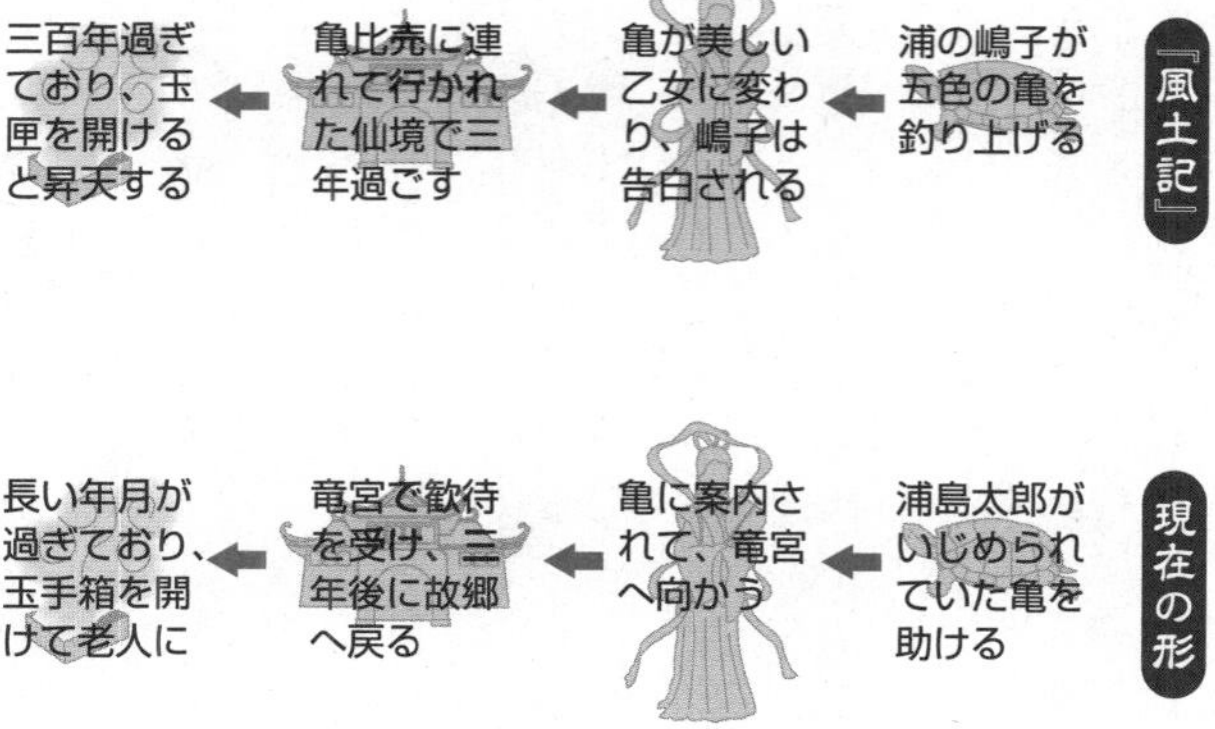
『風土記』
浦の嶋子が五色の亀を釣り上げる
亀が美しい乙女に変わり、嶋子は告白される
亀比売に連れて行かれた仙境で三年過ごす
三百年過ぎており、玉匣を開けると昇天する
現在の形
浦島太郎がいじめられていた亀を助ける
亀に案内されて、竜宮へ向かう
竜宮で歓待を受け、三年後に故郷へ戻る
長い年月が過ぎており、玉手箱を開けて老人に

に老人になってしまった」とあり、現在の民間説話と近いものになっている。

さらに十五世紀に入ると、お伽草子《とぎぞうし》の『浦島太郎』が成立し、主人公の名前が浦の嶋子から浦島太郎になったり、竜宮城が登場し（一部テキストでは「蓬莱」）、報恩《ほうおん》モチーフが加わって、周知の物語に近いものになった。

丹後国《たんご》（京都府）に浦島太郎という二十四、五の漁夫がいた。

ある日、太郎はえしまが磯《いそ》で亀を釣ったが、「亀は万年も生きるというから助けてやる」といって海へ返してやった。

翌日、太郎はまた釣りに出て、海上で小船に乗った女に出会う。その女は「あるところへ行く途中、暴風にあって漂流しています」というので、故郷へ送ってやることにした。

太郎は舟を十日あまり漕《こ》いで女の故郷にたどり着く。そこは竜宮城というところで、舟から上がってみると、金の門や東西南北に四季の草木が生えた素晴らしい邸宅があった。太郎は女に頼まれ夫婦となり、竜宮城で楽しく暮らした。三年も過ぎた頃、太郎は両親のことが気になり、「一時、故郷に帰りたい」と言いだす。すると女は別れを惜しんで泣きはじめ、「自分は亀です。命を助けられた恩返しに夫婦になったのです」と打ち明けた。そして形見《かたみ》として美しい箱を出し、「決して開けてはいけない」といって太郎に渡した。

太郎が故郷に帰ってみると、あたり一面野原となっており、誰もいない。ようやくひとりの老人を見つけて尋ねると、太郎がそこを出てから七百年もの時が過ぎていた。

太郎は呆然《ぼうぜん》としながら亀からもらった箱を開けた。するとなかから紫の雲が出てきて、太郎は老翁《ろうおう》になってしまう。

浦島太郎

「浦島太郎」はお伽草子にもなった。上図は、太郎が玉手箱を開けて老翁となる場面を描いている（国会図書館提供）

やがて太郎は鶴《つる》と化して空に飛び立ち、神となった。亀も神として祀られた。

古代から伝わる浦島伝説は、このお伽草子の『浦島太郎』で新たな形を表出した。お伽草子の異界物語はその別世界を「四方四季《しほうしき》」としてつくり上げたものが多い。

さらに江戸時代の草双紙《くさぞうし》を経て、明治時代になると亀を乙姫《おとひめ》と名づけるなど、改変がほどこされた。

こうして「浦島太郎」説話は、現代まで語り継がれてきたのである。

こらむ 昔話の舞台を歩く

― 宇良神社（浦嶋神社）―

浦島伝説は全国各地に存在するが、『丹後国風土記』の伝承地である京都の丹後半島には、浦の嶋子を祀る宇良神社（浦嶋神社）が鎮座している。ここには浦嶋明神縁起絵巻や黒漆の玉手箱など伝説にまつわる品々や、玉手箱を開けたとき白い煙がたなびいたとされる布引ノ滝がある。掛幅《かけふく》の絵伝もあり、神職が絵解きをして浦島伝説を説き語っている。

第四章
昔話・伝説とお伽草子

一寸法師

――昔話のイメージとは大きく違うお伽草子での姿

◇約三センチの小さ子の成長物語

からだの小さな男児が勇気と知恵でたくさんの宝物や美しい娘を手に入れ、幸せな人生を送る――。そうした小さ子《ちいご》の恋愛成功、立身出世の物語はお伽草子では『小男《こおとこ》の草子《そうし》』『ひきう殿物語《どのものがたり》』、外国の伝承ならばイギリスの「親指トム」などがある。日本で最もよく知られているのは、やはり昔話の「一寸法師《いっすんぼうし》」だろう。

昔むかし、子どものいない爺《じい》さんと婆《ばあ》さんが神様にお願いして小さな男の子を授かった。一寸法師と名づけられた男児は何年たっても一寸（約三センチメートル）という小さなからだのままだったが、刀代わりに針《はり》を脇《わき》に差し、お椀《わん》の舟を箸《はし》の櫂《かい》で漕《こ》いで京の都に向かった。都では大臣の屋敷に仕え、やがて姫《ひめ》と結婚した。

ある日、一寸法師は姫のお供をして寺に詣《もう》でた帰り道、鬼に襲われて飲み込まれてしまう。しかし、針で鬼の腹のなかをちくちく刺して脱出に成功する。鬼は打《う》ち出《で》の小槌《こづち》を残して逃げて行った。
何でも願いが叶うという小槌を姫が振ると、一寸法師は背が伸びて立派な大人になった。そして姫の婿《むこ》になり、爺さんと婆さんを呼び寄せて幸せに暮らした。

小さいながら勇敢で頼もしく、かわいらしい一寸法師。その原型は、神話の世界の少彦名命《すくなびこなのみこと》にあると見てよい。少彦名命は手からこぼれ落ちるほど小さな神だが、大国主命《おおくにぬしのみこと》の国づくりに協力したとされ、奈良の大神《おおみわ》神社や京都の五条天《ごじょうてん》神社などに祀られている。

また、爺さんと婆さんが子どもを授けてくださいと祈りを捧げたのは、現在の大阪の住吉大社《すみよしたいしゃ》だと語られている。古来、住吉大社のあたりは「難波《なんば》」と呼ばれていた。難波は淀川《よどがわ》やその分流など多数の川が流れる水の都で、針の名産地としても知られていた。そうしたことから、「一寸法師」は難波と京都を舞台にした物語だと

一寸法師

「興がる島」で二体の鬼をやっつけた一寸法師は、打ち出の小槌を手に入れ、立派な大人の男になる。上図には隠れ蓑、隠れ笠が描かれている（国会図書館提供）

考えられる。

◇計算高い一寸法師

昔話の「一寸法師」が普及したのは、明治時代以降に出された絵本や読み物の影響が大きい。そこには前述のようなよく知られた物語が展開している。しかし、室町時代に成立したお伽草子の『一寸法師』は内容が少し違う。あまりに小さな子どもを授かってしまった爺さん婆さんの生々しい感情や、勇敢・頼もしい・忠実・かわいいといったイメージとは正反対の一寸法師の姿が物語られているのである。

一寸法師は十二、三歳になっても身長が伸びなかった。爺さん婆さんは「化《ば》け物《もの》のようだ」と嘆き、出て行くようにいった。そこで一寸法師は京の都へと向かう。

一寸法師は宰相《さいしょう》の美しい姫を女房《にょうぼう》にしたいと思い、計略を練《ね》る。眠っている姫の口元に米粒をつけておいて、姫が自分の米を盗《と》ったと訴えた。すると宰相が怒って姫を追い出したため、一寸法師はまんまと姫を手に入れた。

お伽草子の『一寸法師』には、恋物語という面が強くあらわれている。物語の最後では、老父は堀河中納言《ほりかわちゅうなごん》の子、老母は伏見少将《ふしみしょうじょう》の子と判明し、一寸法師は中納言に出世している。また、住吉明神《みょうじん》の霊威《れいい》を強調している。

子どもを「化け物」と呼ぶ爺さん婆さん、計略をめぐらせる一寸法師、官位の記載など、こうした内容は子ども向けの物語には〝不適切、不必要〟とされたのか、民俗社会の伝承や民話絵本に影響することはなかった。

第四章
昔話・伝説とお伽草子

物くさ太郎

――怠け者が栄華を極める痛快な出世物語

◇怠け者でも幸せになれる

お伽草子の『物《もの》くさ太郎《たろう》』は、長いこと、夢想《むそう》にふけって寝そべってばかりのものぐさな男が、突如まめにはたらきはじめ、やがて一国の領主になってたいへんな長生きをし、ついには神にまでなるという実に奇想天外《きそうてんがい》な物語である。

信濃《しなの》国（長野県）に物くさ太郎という不精者《ぶしょうもの》がいた。道端《みちばた》の粗末《そまつ》な小屋で毎日寝転がって暮らしており、もらった餅《もち》を道に転がしてしまっても、自分では決して拾わないほどの途方もない怠《なま》け者《もの》だった。

地頭《じとう》のあたらしの左衛門尉《さえもんのじょう》はそんな物くさ太郎を村人たちに養わせていたが、ある日、国からこの村に京都での仕事が課せられると、村人たちは言葉巧《たく》みに物くさ太郎に仕事を押しつけ、上京させることにした。

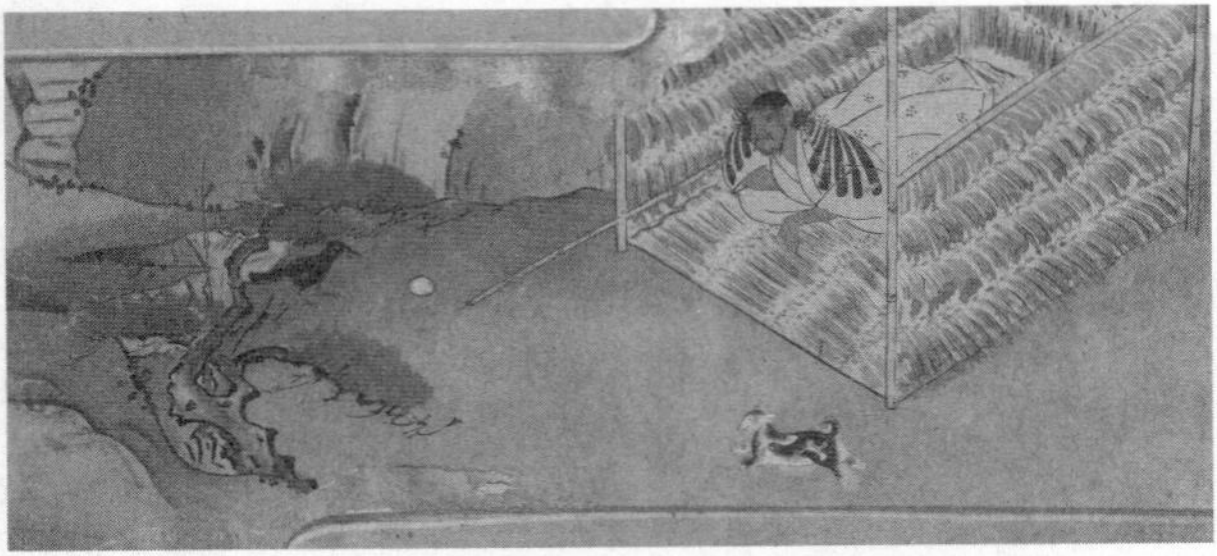

①物くさ太郎は転がした餅を自分で拾おうとしないほどの不精者だった

②不精者のはずが、京都へ出るとよく働いた

物くさ太郎

③よく働くばかりか、自由に生き、和歌の才能なども発揮して評判になる

④物くさ太郎は、最後には幸福を手に入れた
(国会図書館提供)

京に上った物くさ太郎は、それまでとは打って変わってよくはたらくようになる。本来は三ヵ月の仕事を七ヵ月もつとめた。

さらに帰国時には辻取り《つじとり》（街で女の人をさらって女房にすること）して妻を得ようと、清水寺《きよみずでら》へと出向き、目をつけたひとりの女性の腰に抱きついた。女性は物くさ太郎のあまりのむさくるしさに辟易《へきえき》して逃げ出したが、和歌のやり取りをしているうちに彼の機知《きち》を知り、夫婦の契り《ちぎ》を交わした。

その後、物くさ太郎は天皇に面会する。天皇が彼の素性を調べてみると、高貴な公家《くげ》の子であることがわかり、信濃・甲斐《かい》国を与えられた。妻とともに国に帰った物くさ太郎は、百二十歳まで生きながらえ、のちに穂高大明神《ほたかだいみょうじん》になった。

◆ものぐさ男がまめな男へ大変身

この物語の面白味は、物くさ太郎の態度が前半と後半で一転し、ストーリーが大きく変わる点にある。初めは転がった餅を拾うことさえ面倒に思うものぐさな男だが、上京を機にまめなはたらき者に変貌している。

しかも物くさ太郎は知恵があり、和歌に精通していた。それは物くさ太郎と彼に見初《みそ》められた女性との、大和詞《やまとことば》のやり取りから明らかになる。たとえば、女性が自分の屋敷は「松のもとといふ所にて候《そうろう》」というと、物くさ太郎は「（松明《たいまつ》の下は明るいので）明石《あかし》の浦《うら》の事」と解く。さらに「ただし日暮る里に候ぞ」「鞍馬《くらま》の奥はどの程ぞ」、「ともし火の小路をたづねよや」→「油の小路はどの程ぞ」と次々に応じた。また、女性は歌で物くさ太郎を屈服させようと試みたが、物くさ太郎は生来《せいらい》の教養をあらわして、機知にとんだ歌を返している（「琴割《ことわ》り」→「道理《ことわり》」の和歌）。

一見、怠けてばかりだが、出世と辻取りにはとても積極的であり、知恵をはたらかせて成功をおさめる。こうした愉快な人物像には、室町時代の庶民の夢が反映されているのだろう。

お伽草子（室町物語）の登場人物は、貴族、武家、僧侶・稚児《ちご》、庶民のように多彩であり、また女性に大変なしっかり者がいて、賑《にぎ》やかである。そのなかで『物くさ太郎』（昔語・伝説では『物ぐさ太郎』）は不思議な魅力を発揮している。

こらむ　昔話の舞台を歩く

― 穂高神社 ―

信州には古くから物くさ太郎の伝説が伝わっており、松本市には伝承地が多数存在する。新村の田んぼのなかには物くさ太郎像が、彼が住んでいた屋敷跡には石碑が立つ。また、穂高町には穂高神社があり、若宮社には信濃中将（物くさ太郎）が祀られている。

第四章
昔話・伝説と
お伽草子

鶴の草子

――情の深さをモチーフにした鶴の恩返し伝説

◇「鶴女房」は異類女房譚の代表格

昔話には、動物と人間が結婚するという異類婚姻譚《いるいこんいんたん》が多い。人間の女のもとに動物が男の姿で現れて結婚する「異類婿《いるいむこ》」では、女が裏切って別れるパターンが目だつ。

人間の男と動物が女となって結婚する「異類女房《いるいにょうぼう》」は、男が妻から禁じられた約束を破る、妻が正体をさらす、または妻が難題を解決し正体を明かして去っていくという展開である。

「異類婿」の代表作としては「犬婿入《いぬむこい》り」「蛇婿入《へびむこい》り」「猿婿入《さるむこい》り」などが挙《あ》げられる。一方、「異類女房」の代表は、「鶴《つる》の恩返《おんがえ》し」として有名な「鶴女房《つるにょうぼう》」である。

心優しい若者が山で矢傷《やきず》に苦しんでいた鶴を助けた。すると、若者のところに人間の姿をした鶴がやってきて女房となり、自分の羽を抜いて織物《おりもの》をつくって貧しい暮らしを楽にしてくれた。しかし、若者が見るなといわれていた機場《はたば》をのぞくと、正体を知られた鶴は若者のもとから飛び去ってしまった。

この標準型のほか、鶴を助けるのが若者でなくて爺さんであったり、鶴が去ったあと若者が長者《ちょうじゃ》になったり、機織《はたお》りをするのが雉《きじ》やコウノトリとするなど、さまざまな伝承が全国各地に見られる。それらをパターン化すると、大きくふたつに分かれる。

まずひとつ目は、鶴が別れ際に居場所を暗示する「謎解き型」である。鶴は飛び立つとき、水を張った皿に針を入れたものを残していく。若者が和尚《おしょう》に尋ねると、鶴は播磨《はりま》国（兵庫県）の皿池《さらいけ》にいると教えられ、そこへ出向いていく。

◇機織りの場面が描かれない「難題型」

ふたつ目は「難題型」で、「鶴女房」を読み物に仕立てたお伽草子の『鶴《つる》の草子《そうし》』は、この型になっている。その一巻本からあらすじを掲げておく。

鶴の草子

主人公の兵部少輔が鶴を助ける場面。このあと鶴は、女に化身して兵部と契りを結ぶことになる（国会図書館提供）

近江国《おうみ》（筑後国《ちくご》とも）に住むきこりの男が、妻の命日《めいにち》に一羽の鶴を助けた。三日目の夕暮れ、鶴は人間の女に姿を変え、男の女房となった。

しかし、地頭の息子が横恋《よこれん》慕《ぼ》し、男に対して「菜種千石《なたねせんごく》を出せ、できなければ妻を差し出せ」という難題を出してくる。

妻が男に「新古どちらがよいか」と聞くようにと知恵を授けて難題を乗り越えると、地頭の息子は今度は「わざはひ（災い）」を持参せよという。男はまた妻の教えに従い、妻の親から怪獣の「わざはひ」をもらって差し出した。その怪獣が暴れまわって困った地頭は和《わ》を乞《こ》う。

その後、妻は、自分は命を助けられた鶴であると告げて、男のもとを去っていった。

地頭から難題が課され、妻が知恵を授けて解決すると、妻は去る。おなじみの機織りや覗《のぞ》き見《み》の場面はない。

鳥は死者の魂を霊山・聖地に運ぶとされ、鶴はその美しい姿から神の化身《けしん》、あるいは神の使いとして神聖視されていた。国際的には白鳥も同様に扱われ、白鳥処女《しょじょ》説話が広く見られる（天《あま》の羽《は》衣《ごろも》伝説、昔話「天人女房《てんにんにょうぼう》」）。また鶴は一夫一妻で、一度つがいになると子づくりが終わっても行動をともにする習性をもっている。そうした鶴の情の深さが、恩返しする女の姿に投影されたとも考えられる。なお、『鶴の草子』には三冊本系統があり、一巻本を改作して、より複雑な読み物としている。

第四章
昔話・伝説とお伽草子

蛤の草紙
――親孝行で貧しい男を助けた蛤女房の知恵

◇助けてもらった蛤が恩を返す

『鶴の草子』と同じ異類婚姻譚のお伽草子に『蛤《はまぐり》の草紙《そうし》』がある。これは、海の生物の蛤が美しい女に化身して男を助ける物語である。

天竺《てんじく》の摩訶陀国《まかだこく》のあたりに、「しじら」という名の非常に貧しい男がおり、毎日海で魚を釣ってはかろうじて母を養っていた。

ある日、しじらがいつものように釣り糸を垂《た》れていると蛤がかかったが、役に立たないので海に投げ返した。

しばらくすると同じ蛤が釣れ、しじらはまた同じように投げ返す。さらにまた同じ蛤がかかった。

三度も同じ蛤を釣ったので不思議に思っていると、蛤のなかから十七、八の女があらわれ、妻にしてほしいと頼むので家に連れ帰った。

女房はしじらに機屋《はたや》を建てさせ、一年かけて立派な布を織り上げた。しじらはそれを三千貫《かん》で売ろうとするが、高価すぎて買い手がいない。そこへ不思議な老人が現《あら》われ、しじらを自分の家に案内した。そこは立派な御殿で、しじらは美酒を七杯飲み、布の代金を受け取って帰った。

すると女房は、自分は観音《かんのん》の使者であり、しじらが訪れたのは観音浄土《じょうど》、七杯の酒で寿命が七千年延びたと教え、女房は南の空へ飛び去った。

すべてはしじらの親孝行に対する観音のはからいだった。


女が機織りし、それを男に売りにいかせるところは昔話「鶴女房」や『鶴の草子』とよく似ている。そこから、『鶴の草子』の難題が『蛤の草紙』では機織りに差し替えられたとの説があるが、これは不十分である。「蛤女房」説話は中国の書物にも見出せることから、大陸の伝承が渡来《とらい》して『蛤の草紙』の下地となったと考えられる。

また、『蛤の草紙』は「鶴の女房」や『鶴の草子』のような単純な動物報恩譚で

蛤の草紙

釣り上げた蛤のなかから女が登場する場面。女はしじらに対して妻にしてほしいと頼み、家に連れて行ってもらう（国会図書館提供）

はなく、仏教の影響を大きく受けている。最後に「是《これ》ひとへに親孝行のしるしなり」と記されているように、しじらの孝行に感応した観音のはからいという、観音信仰が強調されている。

◇観音信仰の投影

観音信仰とは、観音菩薩《ぼさつ》の慈悲《じひ》があらゆる人間の苦悩を救ってくれるという現世利益的《げんぜりやくてき》な信仰で、平安時代に広まった。

観音菩薩はあるときは夜叉《やしゃ》の姿、あるときは美しい女の姿といった具合に、時と場合に応じて三十三の姿となって、あらゆる願いごとをかなえてくれるという。中国では三十三の変化身《へんげしん》にちなんださまざまな姿の観音像がつくられ、日本にも伝えられた。その三十三身のうち、第二十五番目に蛤蜊観音《はまぐり》がある。

貝からあらわれた龍女《りゅうにょ》が、孝行者のために機を織るという説話もあり、蛤と観音菩薩の関係が『蛤の草紙』の成立に深く関わっている。

なお、「蛤の草紙」に対応する昔話に「蛤女房」があるが、この物語はかなりユニークな語り口となっている。

漁師に助けられた蛤が女に化身して、男のためにおいしい味噌汁をつくる。その吸い物の味つけがなんと女の小便であったとするのである。

女が尻を鍋の水で洗っていた姿を見て、男は仰天するが、それは吸い物の出汁《だし》を取っていたのだった。なお、「魚女房《うおにょうぼう》」にも似た場面がある。

さらに女は去るときに、金銀を残していったという。お伽草子や昔話において、蛤は重要な役どころを演じている。それは、上下の合わせが同じ模様であることから、特異な生き物とされたからであろう。

第四章
昔話・伝説とお伽草子

酒呑童子
――源頼光一行による最強・最悪の鬼退治譚

◇最もよく知られた怪物退治譚

鬼《おに》、妖怪《ようかい》、大蛇《だいじゃ》、大百足《おおむかで》、土蜘蛛《つちぐも》……。民間説話だけでなく、お伽草子にはさまざまな化け物が登場し、それを平らげる怪物退治譚が多い。そのなかで最も有名なのが『酒呑童子《しゅてんどうじ》』である。

人を食らうとして古くから恐れられてきた鬼を、源頼光《みなもとのよりみつ》（「らいこう」とも）らが計略によって討つ。さっそくあらすじを紹介しよう。

丹波国《たんば》（京都府）の大江山《おおえやま》（あるいは近江国《おうみ》（滋賀県）の伊吹山《いぶきやま》）に鬼神の酒呑童子が住み、しばしば都の女をさらっていた。

池田中納言《いけだちゅうなごん》の一人娘も誘拐された。悲しみに暮れた中納言が内裏《だいり》に助けを求めると、帝《みかど》は武勇で名高い源頼光に鬼退治を命じた。

頼光は平井保昌《ひらいやすまさ》、渡辺綱《わたなべのつな》、坂田公時《さかたのきんとき》、碓井貞光《うすいさだみつ》、卜部季武《うらべすえたけ》を率いて大江山に向かう。一行は山伏《やまぶし》に身をかえ、途中で神の化身である三人の翁《おきな》から鬼退治に効き目がある「神便鬼毒酒《じんべんきどくしゅ》」と「星甲《ほしかぶと》」を授けられる。

鬼の岩屋《いわや》に着いた一行は、自分たちが山伏で道に迷ってきたことを説明し、酒呑童子に一夜の宿を乞《こ》う。すると童子は、血の酒と人肉の肴《さかな》で歓待した。

頼光はその場が打ち解けた頃を見計らって、童子とほかの鬼たちに神便鬼毒酒をすすめる。そして、すっかり酔いつぶれたところに斬りかかり、首尾《しゅび》よく童子の首を切り落とした。切られた童子の首は舞い上がって頼光を襲ったが、頼光は星甲で防ぎ、鬼たちを一網打尽《いちもうだじん》にした。

一行は、とらわれの身となっていた姫たちを救い出し、都に凱旋《がいせん》し、朝廷《ちょうてい》から多くの褒美《ほうび》を賜《たまわ》った。

◆酒呑童子の正体は何物か

酒呑童子の物語の最初のお伽草子絵巻は、十四世紀（南北朝時代）に描かれた『（香取本《かとりぼん》）大江山絵詞《おおえやまえことば》』である。室町時代後期にはそれをもとに能《のう》（謡曲《ようきょく》）「大江

酒呑童子伝説の舞台

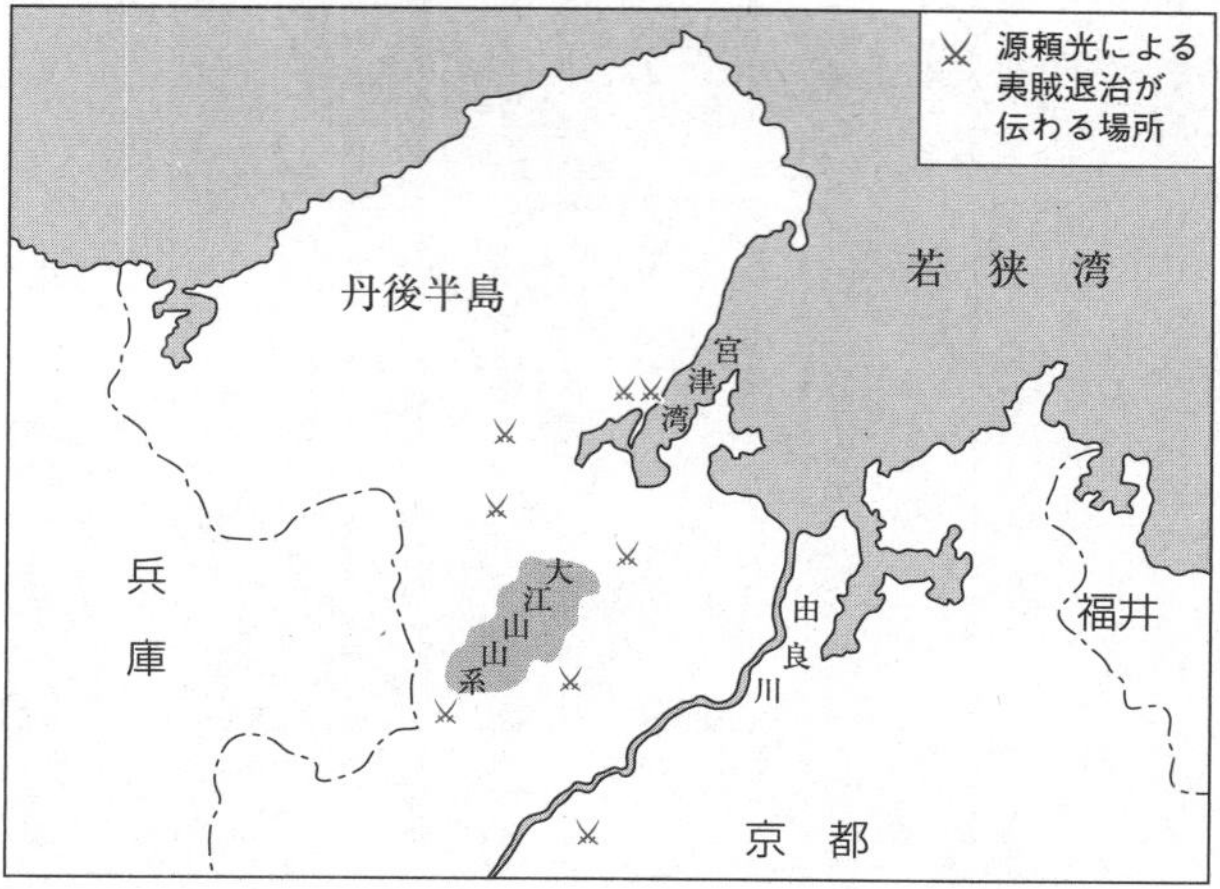

山」がつくられた。江戸時代になるとお伽草子作品二十三編をシリーズとして刊行した御伽文庫《おとぎぶんこ》（渋《しぶ》川版《かわばん》）に取り入れられて広く知られるようになり、浄瑠璃《じょうるり》や歌舞《かぶ》伎《き》で取り上げられたこともあって、絶大な人気を博した。

こうして日本で最も有名な鬼となった酒呑童子は、身《み》の丈《たけ》が六メートル以上の大男で、顔は薄赤く、髪は乱れ、五本の角と十五個の目をもっていたとされている。

また、邪悪《じゃあく》な力と名前をもつ鬼たちをはじめとして数多《あまた》の鬼を従え、都の女を生きたまま喰《く》い殺し

たとも伝えられている。
　酒呑童子の出自《しゅつじ》や鬼となった経緯については諸説あるが、お伽草子作品に関係して越後国《えちご》（新潟県）を出生地としており、同国には誕生と若者時代のエピソードが伝えられている。
　たとえば、『酒呑童子絵巻』を伝える国上寺《こくじょうじ》の縁起《えんぎ》によると、酒呑童子の父は砂子塚《すなこづか》の城主・石瀬俊綱《いわせとしつな》で、三年間も母の胎内にいた。出生後は

酒呑童子絵巻

酒呑童子が源頼光らに切られる場面。童子は酒を飲み過ぎて酔いつぶれ、手下の鬼たちもろとも返り討ちにされてしまった
（日本の鬼の交流博物館蔵）

外道丸《げどうまる》と名づけられ、美《び》丈夫《じょうぶ》として多くの女性を惹《ひ》きつけたが、手のつけられない乱暴者だったため、国上寺に預けられた。

美男の外道丸のもとには女性からの恋文が次々と届く。それを外道丸が焼き捨てようとすると、煙が立ちこめて気を失い、意識を取り戻したときには鬼の姿に変わっていた。寺にいられなくなった外道丸は大江山に移り住んだという。

近江出生説もある。それによると、酒呑童子は長者の娘が蛇と契《ちぎ》って生んだ子で、三歳の頃から酒を飲んだため酒呑童子と呼ばれるようになった。比叡山《ひえいざん》の伝教大師《てんぎょうだいし》・最澄《さいちょう》のもとに弟子入りしたが、祭りのために自ら精魂込めてつくった鬼の面が顔からとれなくなり、寺を追い出されて大江山に住み着いたという。お伽草子の『伊吹童子《いぶきどうじ》』『伊吹山』が物語るところである。

◆人間の恐怖心がつくった心の闇

そのほか、飢饉《ききん》の際、重病になった寺の恩師に人間の屍肉《しにく》を食べさせたため、寺を追われたという奈良の白毫寺《びゃくごうじ》の伝説や、山で一般社会と隔絶した生活を送っていた山人《やまびと》ではないかという説、修験者《しゅげんじゃ》説、そして素戔嗚尊《すさのおのみこと》との戦いに敗れた八岐大蛇《やまたのおろち》が出雲《いずも》国（島根県）から近江へと逃れ、富豪とのあいだにもうけたのが酒呑童子だとする伝承もある。いずれもしても、世間から排除され、大江山で鬼として生きた何者かがいて、酒呑童子の伝承と結びつけられた可能性が高い。

人間は一皮むくと鬼だといわれる。酒呑童子の造形には、人間の心の闇がはたらいているのである。

第四章
昔話・伝説とお伽草子

俵藤太
――大蛇の依頼で大百足を討った藤原秀郷の武勇伝

◇秀郷は古代史の英雄

お伽草子の怪物退治譚といえば、源頼光による大江山の鬼退治『酒呑童子』が名高いが、それに次《つ》いでよく知られているのが『俵藤太物語《たわらのとうたものがたり》』である（以下、『俵藤太』）。

『俵藤太』は大百足を退治する俵藤太秀郷《ひでさと》（藤原秀郷《ふじわらの》）の武勇伝であり、その後の竜宮訪問と平将門征伐《たいらのまさかどせいばつ》の説話を加えて三部構成になっている。ここでは第一部に相当する大百足退治を紹介する。

朱雀院《すざくいん》の時代、近江国田原《たわら》の里《さと》（滋賀県栗東市《りっとう》あたり）出身の田原藤太秀郷という男がいた。幼い頃から武勇に優《すぐ》れ、朝廷に仕えていた。

そのころ、近江国の瀬田《せた》の唐橋《からはし》の上に二十丈《じょう》（約六十メートル）もある大蛇があらわれ、人々の往来を妨げていた。

噂《うわさ》を聞きつけた藤太が様子を見に行くと、確かに大蛇がいて、藤太はその背中を踏みつけて平然と橋を渡った。

秀郷の豪勇を見た大蛇はその夜、人間の女に化けて藤太を訪ね、三上山《みかみやま》の大百足退治を依頼する。大百足は山の動物や湖の魚を食い尽くし、女の一族の者まで食べてしまったのだという。

藤太はその話に深く同情し、大百足退治に出かけた。

大百足はごうごう音を立てながら襲いかかってくる。藤太は矢が当たる距離までじっと待ち構えておいて、ここぞのときに大百足の眉間《みけん》めがけて射た。

一本目の矢も二本目の矢も、鉄のように固い大百足の皮膚が弾《はじ》き返してしまったが、「南無八幡大菩薩《なむはちまんだいぼさつ》」と祈りながら射た三本目の矢が見事に眉間を貫き、ついに討ち倒した。

その晩、例の女が再び藤太を訪ねてきて、お礼だといって巻《ま》き絹《ぎぬ》と米俵《こめだわら》と赤銅《しゃくどう》の鍋《なべ》を渡した。巻き絹も米俵も、いくら使ってもすぐにもとに戻った。赤銅の鍋からは、欲《ほっ》した食べ物がいつでも、たくさん出てきた。

俵藤太秀郷絵巻

大百足を迎え討つ秀郷。鉄身の大百足を相手に、秀郷は苦戦を強いられたが、強弓（ごうきゅう）を用いて射倒した（国会図書館提供）

田原藤太秀郷がのちに俵藤太秀郷と呼ばれるようになったのは、この不思議な米俵からであった。

武勇伝はこのあと竜宮訪問説話へと展開し、女に竜宮へ招待された藤太は歓待を受け、帰還の際に赤銅の釣鐘《つりがね》を授けられ（三井寺《みいでら》に奉納《ほうのう》）、後に下野《しもつけ》国（栃木県）を治めたと語られる。

ここまでが俵藤太の武勇伝の前半部分である。

後半部分では、鬼神化した平将《たいらのまさ》門《かど》を討伐《とうばつ》することになる。

◇竜神は水の神、大百足は山の神

こうして藤太は天下一の英雄となった。それというのも藤太は、ふたつの別世界、すなわち山中他界《たかい》と水中他界の力を借りることができたからだと文化人類学・民俗学者の小松和彦《こまつかずひこ》氏は述べている。

その著書『日本異界絵巻《にほんいかいえまき》』によると、藤太は山の民《たみ》=大百足と、川の民=水神《すいじん》（大蛇）との対立・抗争に介入した。助けを求める水神に協力して大百足を退治し、そのお礼として竜宮への招待を受けたのである。

つまり、藤太は山（陸）と水（湖沼）の両世界を支配下におくことで、比類なき英雄になることができたのだ。

なお、この物語はかつて柳田國男《やなぎたくにお》や南方熊楠《みなかたくまぐす》が類話を指摘し論じたように、「神を助けた話」と呼ぶべきものである（『今昔物語集《こんじゃくものがたりしゅう》』巻二六第九、『二荒山縁起《ふたらさんえんぎ》』。『法苑珠林《ほうおんじゅりん》』所引「続捜神記《ぞくそうじんき》」）。すると、藤太伝承はたとえばギリシヤ神話の半神《はんしん》半人《はんじん》の英雄ペルセウス伝などと比較してよいだろう。言い換えれば、『俵藤太』は異界訪問=異類婚姻譚、呪宝《じゅほう》獲得譚で成りたった世界大《ワールド・ワイド》の普遍的な英雄物語であった。

こらむ 昔話の舞台を歩く

― 瀬田の唐橋 ―

俵藤太が大百足と戦った瀬田の唐橋は夕景の美しさで知られ、日本三古景や日本三名橋のひとつに挙げられるほどの橋だが、京都防衛のための最重要地点でもあり、昔から幾多の戦乱の舞台になってきた。橋の左詰めには勢田橋龍宮秀郷社が鎮座し、社殿に藤太と竜神を祀っている。隣接する雲住寺も藤太の供養のために開かれた寺である。

第四章
昔話・伝説とお伽草子

弁慶物語

——義経と運命をともにした怪力無双の荒法師・弁慶の素顔

◆弁慶は実在の人物か

お伽草子には多様な主人公が登場する。有名どころは一寸法師や酒呑童子など伝承上の人物が多いが、歴史上の人物も少なくない。そのなかで個性的なのが武蔵房《むさしぼう》弁慶《べんけい》である。

弁慶は源《みなもと》義経《のよしつね》に任える荒法師《あらほうし》で、お伽草子には『自剃《じぞ》り弁慶』『橋《はし》弁慶』など、彼を主人公とする作品が目だつ。いわゆる弁慶物である。そのなかから『弁慶物語《べんけいものがたり》』を紹介しよう。

弁慶は紀州《きしゅう》熊野《くまの》の別当《べっとう》・弁心《べんしん》が若一王子社《にゃいちおうじしゃ》に祈願して授かった子だが、母の胎内に三年三カ月もいたうえ、生まれると同時に言葉が話せるなど、普通ではなかったために山へ捨てられた。そんな弁慶を引き取って養育したのは都の五条大納言《ごじょうだいなごん》だった。

七歳になった弁慶は比叡山《ひえいざん》に預けられた。

文学や芸能の才能はあったが、手のつけられない暴れ者だったため、ついに山から追放される。下山した弁慶は自ら頭を剃《そ》り、「武蔵房（坊）弁慶」と名のった。

その後、弁慶は老僧の服を奪ったり、都で金持ちから金品を巻き上げたりと、傍若無人《ぼうじゃくぶじん》な振る舞いを繰り返す。また武者修行の旅に出て僧兵《そうへい》と戦ったりもした。

都に戻ると、武士から太刀千振《たちせんぶ》りを奪うことを目標に暴れ、最後の一《ひと》振りとして狙ったのが、当時十九歳の源義経の黄金《おうごん》の太刀だった。

しかし弁慶はなかなか義経から太刀を奪えず、五条の橋で最後の決戦に挑《いど》む。力任せに切りつけようとする弁慶に対して、兵法《へいほう》に長《た》けていた義経は素早くかわしながら戦った。

結果、弁慶は敗れて家来となった。

主従は平家《へいけ》打倒を目指して戦い続けたが、平家一門の追及は次第に厳しくなり、やがてふたりは奥州《おうしゅう》の藤原秀衡《ふじわらひでひら》を頼って下っていった。

『弁慶物語』は、弁慶の誕生から主人である義経との出会い、都での平家一門との戦いまでを書いている。

それは義経の生涯を物語る『義経記《ぎけいき》』の巻三に相当する。ただし『義経記』が奥州平泉《ひらいずみ》でのふたりの最期までを語っているのに対して、『弁慶物語』はあくまで弁慶の前半生を中心に叙《じょ》している。

◆日本神話、キリスト教の伝説との類似

では、弁慶はどのような人物だったのだろうか。歴史書に弁慶についての記述は少ないが、鎌倉時代の軍記物語『源平盛衰記《げんぺいじょうすいき》』によると、色が黒くて背が高く、出家僧《しゅっけそう》の姿をしており、戦いの出《い》で立ちは鎧《よろい》や直垂《ひたたれ》、太刀など、すべて黒で統一されていたとある。

『義経記』には、都で太刀千振りを集めていたころの弁慶の様子として、「丈《たけ》一丈《じょう》ばかりなる天狗《てんぐ》歩《ある》きて」とある。

義経一行の都落ちルート

弁慶が主君である義経をあえて打ちつけ、その人物が義経でないことを追っ手に証明したとされる

弁慶の墓。弁慶は敵の急襲に防戦もままならず、最期は敵陣に斬り込み、壮絶な討ち死を遂げた

一丈は約三メートルだから誇張されているのは明らかだが、もともと大男であったと見てよいだろう。

こうした弁慶の特異な人物像は、主人の義経を意識してつくられたものにほかならない。

義経は色白の小振《こぶ》りであり、それと対照的に弁慶を色黒、大男に描くことで、義経を高貴に造形しようとしたと考えられる。

白と黒、小男と大男という組み合わせは『弁慶物語』に限ったものではなく、古今東西の伝承物語ではよく見る設定であった。たとえば日本神話では、ともに国づくりを行なった大国主命《おおくにぬしのみこと》と少彦名命《すくなびこなのみこと》の二神が、大小コントラストのコンビとしてよく知られている。

また、弁慶の物語にはキリスト教の聖人・聖クリストフォルスとの類似も見られる。

聖クリストフォルスは幼子イエスを肩にのせて川を渡したという伝説の巨人で、逸話《いつわ》の多くは弁慶伝説と重なる。

『弁慶物語』は東西の普遍的な英雄物語の一型なのである。

第四章
昔話・伝説とお伽草子

道成寺縁起絵巻
――美男の僧と執念深い女の身の毛もよだつ愛憎劇

◇旅の僧に一目惚れした女

八つの頭と八つの尾をもつ八岐大蛇《やまたのおろち》が、須佐之男命《すさのおのみこと》に討ち取られるという神話の物語を筆頭に、日本には大蛇伝説が数多く残されている。蛇にまつわる昔話もたくさん伝わっており、お伽草子には女が大蛇に変身する『道成寺縁起絵巻《どうじょうじえんぎえまき》』がある。和歌山県日高川町《ひだかがわ》の道成寺に伝わる十六世紀の絵巻である。

昔、醍醐《だいご》天皇の時代に奥州《おうしゅう》から熊野《くまの》に詣《もう》でた美男の僧が、紀伊《きい》国（和歌山県）真砂《まなご》の庄司《しょうじ》と称する家に宿を借りた。その夜、娘（詞書《ことばがき》では未亡人）が僧の部屋へやってきて僧に添い寝し、「このまま家にとどまってほしい」と懇《こん》願《がん》した。僧は「熊野詣での大願《たいがん》がある」と答えたが、娘が引き下がらないので「熊野詣での帰りに立ち寄る」とその場しのぎの約束をして立ち去った。

娘は僧の訪れを待ったが、一向にあらわれない。やがてほかの僧から「その僧はすでに通り過ぎた」と聞いてだまされたと知り、怒り狂って僧のあとを追った。

日高川までできた娘は、船頭《せんどう》に渡し船への乗船を断られると、衣服を脱ぎ捨てて大毒蛇に変身して、川を渡っていった。

一方、僧は命からがら道成寺に逃げ込み、助けを求めた。観音菩薩の霊場《れいじょう》である道成寺の僧たちは大鐘を下ろし、そのなかに僧を隠した。

しかし、あとを追ってきた大蛇はお堂を叩き割ると、鐘に巻きついて口から火焔《かえん》を噴出し、鐘ごと焼き尽くしてしまう。そして血の涙を流し、舌をひらひらさせながら、もときた方角へと戻っていった。寺の僧たちが鐘を水で冷やして取り除くと、なかの僧は真っ黒に焼け焦《こ》げた無惨《むざん》な姿になっていた。

その後、同寺の老僧の夢のなかに二匹の蛇があらわれ、「自分は鐘に籠《こ》められた僧である。悪女と夫婦になった。ふたりが悪縁《あくえん》から逃れるために『法華経《ほけきょう》』を書いて供養《くよう》してほしい」と頼んだ。老僧が寺をあげて供養を行なうと、今度は老僧の夢に清浄《せいじょう》な妙衣《みょうい》を着たふたりがあらわれて、蛇道《じゃどう》から逃れられ

蛇の特徴と主な伝説

執念深い
殺された蛇が殺害した人物に祟り、呪い殺すことがある

嫉妬深い
ねたましい女性が死後に蛇になり、嫉妬の対象に祟る

八岐大蛇（島根県）
八つの頭と八つの尾をもつ大蛇が毎年生贄の娘を喰らっていた

三輪山の大物主神（奈良県）
神の化身である蛇を捕らえたところ、雷を発したため放たれた

夜刀神（茨城県）
開墾しようとしたところ角のある蛇があらわれ、作業を妨害

たと告げ、別々に虚空《こくう》に去っていった。

これは、平安時代の『法華験記《ほっけげんき》』や『今昔物語集』にとどめられた説話をもとにつくられたものであり、後世、主人公の僧の名は「安珍《あんちん》」、女の名は「清姫《きよひめ》」となった。現在、道成寺では模写絵巻を繰《く》りながら物語っていく絵解き説法が行なわれている。

また、熊野地方の中辺路《なかへち》の真砂地区から道成寺へいたる街道には、清姫の物見《ものみ》の松《まつ》、草履塚《ぞうりづか》、腰掛《こしか》け岩《いわ》といった伝説が残っており、それを描きこんだ絵巻も流布《るふ》している。特に注目されるのが、村の女が蛇と契って清姫を生んだとの伝承である。この物語に拠《よ》るならば清姫は蛇の子であり、蛇に変身したというより本来の姿に戻ったともいえるだろう。

◆蛇は女の情念を体現する

それにしても、思いが叶《かな》わないと知るや、男を焼き殺すというのは、凄《すさ》まじい情念である。「帰ってくる」と約束しておきながらそれを反古《ほご》にした男にも非はあるが、震撼《しんかん》するほどの設定である。中世期の人々が女にそこまでの嫉妬心《しっとしん》、執念深《しゅうねんぶか》さを付着させたのはなぜか。

古来、蛇は神聖な生き物と考えられてきた。しかし時代が下ると忌避《きひ》すべき邪悪《じゃあく》な生き物と見なすようにもなった。そこに嫉妬や執念のイメージが結びついた。殺された女がその死後、蛇になって後妻を襲うなどの説話も多い。大蛇はまさに恨《うら》みの情念をあらわしている。そうした強烈なテーマゆえに、『道成寺縁起絵巻』の物語は、能（謡曲）の『道成寺』『鐘巻《かねまき》』、浄瑠璃の『日高川入相桜《ひだかがわいりあいざくら》』、歌舞伎の『京鹿子娘道成寺《きょうがのこむすめどうじょうじ》』などへと展開していった。

第四章
昔話・伝説とお伽草子

木幡狐

――狐を愛した男と男を愛した狐の悲恋

◆牝狐の人間の男との婚姻

現代では野生の狐《きつね》を見ることはめったにないが、かつては里《さと》にしばしば出没したため、人々にとっては身近な動物だった。人間は狐を田《た》の神《かみ》の使いとも考えていたから、狐にまつわる伝説や昔話が多く生まれた。

特に多いのは、男が狐と結婚する異類婚姻譚であり、お伽草子の『木幡狐《こわたぎつね》』もそうした作品である。

山城国《やましろ》（京都府）木幡の里に、きしゅ御前《ごぜん》という名の狐が住んでいた。

きしゅ御前は十六歳のときに三位《さんみ》の中将《ちゅうじょう》に心を寄せ、人間の女に化けて近づく。中将もきしゅ御前を見初《みそ》め、契りを結ぶことになった。きしゅ御前は男子をもうけたあと、中将の両親にあたたかく迎えられ、幸せに暮らした。

子どもが三歳になったとき、中将の乳母《めのと》が犬を進上《しんじょう》した。しかし、これをひどく恐れたきしゅ御前は、泣く泣く木幡の里に帰り、世をはかなんで嵯峨野《さがの》に庵室《あんしつ》を結んだ。
中将もきしゅ御前が姿を消したことを嘆き悲しんだ。

狐が人間の女に化けて男と結婚し、子どもをもうけながらも、やがて正体がばれて去っていく。哀《かな》しい狐の物語である。

昔話でも犬と狐とは仲が悪いと物語る。きしゅ御前は、犬に正体を見破られることを恐れて姿を消したのである。

ちなみに、狐が人間の姫君に恋するという『玉水物語《たまみずものがたり》』も最後に狐が消え去る。

◆陰陽師・安倍晴明は狐の子か

中将ときしゅ御前の結婚は悲恋で終わったが、狐の物語のなかには狐が生んだ子どもが優れた能力をもつようになったとするものも少なくない。その代表が「狐女房」である。

各地の狐伝説

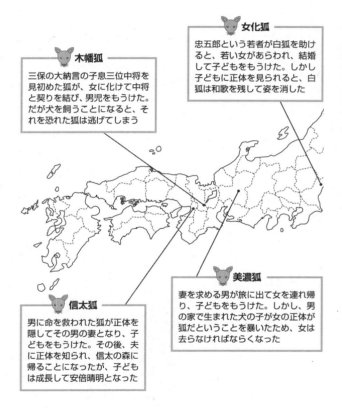

女化狐

忠五郎という若者が白狐を助けると、若い女があらわれ、結婚して子どもをもうけた。しかし子どもに正体を見られると、白狐は和歌を残して姿を消した

木幡狐

三保の大納言の子息三位中将を見初めた狐が、女に化けて中将と契りを結び、男児をもうけた。だが犬を飼うことになると、それを恐れた狐は逃げてしまう

美濃狐

妻を求める男が旅に出て女を連れ帰り、子どもをもうけた。しかし、男の家で生まれた犬の子が女の正体が狐だということを暴いたため、女は去らなければならくなった

信太狐

男に命を救われた狐が正体を隠してその男の妻となり、子どもをもうけた。その後、夫に正体を知られ、信太の森に帰ることになったが、子どもは成長して安倍晴明となった

昔むかし、男が田んぼではたらいていると、通りかかったきれいな女が腹を病んでいたので、家に連れ帰って介抱《かいほう》してやった。

男と女は一緒に暮らしはじめ、やがて三人の子どもができた。

ところがある日、女は子どもの添い寝をしているときに、うっかり尻尾《しっぽ》を出していたのを隣の人に見られてしまう。女は狐なのであった。やむなく山に帰ることになった狐は、次の歌を残して去った。

恋しくば　たずね来て見よ　和泉《いずみ》なる　しのだの森の　うらみ葛《くず》の葉《は》

男は子を連れて山へ行き、女が出てくると「家さ帰ってくれろ」と頼んだが、女は帰ろうとしなかった。

それでも、女は知らぬ間に田んぼの野良《のら》仕事を手伝ってくれた。そのおかげで秋には米がたくさん実り、男は金持ちになって栄えた。


これは福島県いわき市で語られていたものである。類話は大阪府の「信太狐《しのだぎつね》」など全国的に見られる。江戸時代に浄瑠璃の『蘆屋道満大内鑑《あしやどうまんおおうちかがみ》』などがつくられ、広く伝わった。

注目すべきは、右の語り物では登場人物を特定していることである。女に化けた狐女房は「葛の葉」、夫は「安倍保名《あべのやすな》」、子どもは「童子丸《どうじまる》」などとされており、童子丸は成長して安倍晴明《あべのせいめい》になるとしている。

安倍晴明といえば、平安時代に特殊な霊力を用いて活躍した稀代《きだい》の陰陽師《おんみょうじ》である。

葛の葉きつね童子にわかるるの図

葛の葉が童子丸（安倍晴明）に別れを告げる場面。童子丸は別れを惜しみ、母にすがっている

（月岡芳年『新形三十六怪撰』より）

その出自《しゅつじ》を特殊なものとし、そこに狐に対する信仰伝承を付加して、晴明の陰陽師としての優れた能力が、母親ゆずりのものであると話をつくったのである。

こらむ 昔話の舞台を歩く

― 晴明神社 ―

陰陽師《おんみょうじ》の安倍晴明を祀り、その屋敷跡に建てられたのが晴明神社。陰陽師は天体の観測や暦、占いなどにより、国や人々の運命を判定する人々のことで、平安期にはれっきとした役人であった。晴明は人間離れした霊力をもち、式神《しきがみ》をも操ったという。晴明伝説は各地に伝わるが、とくに、この神社は晴明ゆかりの神社として人気を集めている。

第四章
昔話・伝説とお伽草子

猫の草紙
――僧の夢に現れた猫と鼠それぞれの言い分とは

◇首綱でつながれていた中世の猫

中世の絵巻物や文学作品などを見ると、基本的に犬は放し飼いで、猫は首綱《くびづな》（首縄）でつないで飼っていたことがわかる。猫を放し飼いにするようになったのは、慶長《けいちょう》七（一六〇二）年に出されたお触《ふ》れからとされ、そのことはお伽草子の一編にかいま見ることができる。

お伽草子の物語群で動物を主人公や主題に据えたものは異類物《いるいもの》に分類され、『猫《ねこ》の草紙《そうし》』もそのひとつに数えられる。この作品には時代の世相が色濃くあらわれている。

慶長七年八月、天下泰平《てんかたいへい》の世の中で「京都市中の猫をすべて放し飼いにするように」というお触れが出された。そこで、人々は大切に飼っていた猫に札《ふだ》をつけて放した。猫は大喜びしたが、鼠はそれまでのように外を出歩けなくなってしまった。

そんな折、京都の僧が不思議な夢を見た。老鼠《ろうねずみ》が夢枕《ゆめまくら》にあらわれ、「このたびの法令で、私たちはどんどん猫に喰い殺されています」と窮状《きゅうじょう》を訴え助けを求めた。僧は鼠の訴えをいたわしく思いながらも、なぜ鼠が憎まれているのかを話して聞かせた。

次の夜、今度は猫が僧の夢枕にあらわれ、「鼠は外道《げどう》中の外道です」と鼠を非難し、自分たち猫の正当性を力説した。僧は無益な殺生《せっしょう》をやめるよう説得したが、猫は「鼠は天から与えられた食物です」と主張し、僧の仲裁《ちゅうさい》は失敗に終わった。

夢から覚めた僧は、どうしたものかと途方に暮れたが、その夜また老鼠が夢にあらわれ、「一族で話し合った結果、一時的に近江《おうみ》国に避難することにしました」と報告してきた。

それ以降、洛中《らくちゅう》から鼠の姿が消えたのだった。

猫の草紙

僧の夢枕にあらわれた猫が鼠の害を非難し、自分たちの正当性を主張している（国会図書館提供）

◆猫の放し飼いで利益を得た者は

慶長七年の法令の記事が実際にあることから、『猫の草紙』は現実の世情に取材している。また、猫と鼠という敵対関係にある動物を直接対峙《たいじ》させることなく、僧が両者の言い分を聞くという形式をとっているため、当時は人間の生活圏に猫と鼠がそれぞれいて、人間と会話を交わしてもおかしくないほど親密だったということもうかがえる。

しかしながら、当時京都を支配していた徳川家康《とくがわいえやす》は、なぜ猫を放し飼いせよという法令を出したのだろうか。その原因は鼠にある。

京都では都市化が進み、鼠による被害がおびただしく発生していた。『猫の草紙』のなかで僧が「傘を食い破り、つくった炒り豆を全部食べ、袈裟《けさ》、衣、扇、本、屏風《びょうぶ》、かき餅、豆腐などを全部ダメにしてしまう」と語っているが、それだけでなく店の商品などの被害も大きく、社会的な問題になっていた。つまり、猫の放し飼いのねらいは「猫をもって鼠を制する」ことだった。この法令の受益者は猫に見えるが、実のところ一番利益を得たのは、市民や為政者《いせいしゃ》といった人間である。

古今東西、猫と鼠の敵対関係を話題にする伝承は多い。日本の「猫の鼠退治―化け鼠型」はそのひとつで、『猫の草紙』の展開と共通している。

お伽草子にはほかに異類婚姻譚の『鼠の草紙《ねずみそうし》』があり、それに滑稽味《こっけいみ》と哀調《あいちょう》の趣《おもむ》きを加えたのが鼠の権頭《ごんのかみ》を主人公とする『鼠の草子《そうし》』である。

さらに『ねずみ物語』もある。鼠が我が世の春とばかり暮らしていると、猫があらわれる。鼠は警戒して、猫の首に鈴をつけることにした。結果、猫と鼠は人間の家の中で棲《す》み分《わ》けるようになったという。イソップ動物寓話《ぐうわ》の「猫の首に鈴を付ける」を利用し、江戸時代の十七世紀後期につくられた。

第四章
昔話・伝説とお伽草子

鉢かづき
──観音様に護られた継子

◇鉢をかぶった姫君の苦難と幸福

お伽草子には、継子《ままこ》の受難と幸福を話題とする物語が二十種ほどあり、そのひとつの『鉢《はち》かづき』は大阪府寝屋川《ねやがわ》市の伝説ともなっている。平安時代からの継子いじめ譚『住吉物語《すみよしものがたり》』を受け継いだ継子物グループがあり、その代表作である。

河内《かわち》国（大阪府）交野《かたの》のあたりに備中守《びっちゅうのかみ》さねかたという者がおり、長谷寺《はせでら》の観音様に祈って姫を授かった。しかし姫が十三歳のときである。母は病におかされ、観音様のお告げに従って、わが子の頭に鉢をかぶせて亡くなった。やがて父親は再婚したが、継母は鉢をかぶった醜《みにく》い姿の姫（鉢かづき）を憎み、館《やかた》から追い出してしまう。

化け物と蔑《さげす》まれ、行く当てもない姫は川に身を投げたが、鉢が浮いて死ぬこともできず、流浪《るろう》のあげく、国司《こくし》の山陰《やまかげ》の三位中将《さんみのちゅうじょう》邸で風呂焚《ふろた》きとして雇われた。

中将の末子の宰相《さいしょう》は、姫の優しい声や美しい容貌にひかれ、ふたりは心を通わせるようになる。しかし、ふたりの仲に反対した宰相の母が、鉢かづきに恥をかかせて追い出そうと嫁比《よめくら》べを計画したので、姫と宰相は駆け落ちしようとした。

そのとき、姫の頭から鉢がとれ、鉢のなかから財宝があふれ出た。姫は見目《みめ》麗《うるわ》しく、和歌や音楽も達者な女性だった。

宰相と結婚した姫は父親とも再会し、幸せに暮らした。すべては長谷寺の観音様のお導きである。

美しい姫が一時的に異形となり、のちに立派な貴公子《きこうし》と出会って本来の姿に戻る。類似の物語に、皮衣《かわごろも》を身にまとって老女のようになったことで幸せを得るという『姥皮《うばかわ》』『花世《はなよ》の姫《ひめ》』がある。フランスの昔話「ロバの皮」、イギリスの昔話「猫の皮」など西洋にも類話がある。

鉢かづき

母に鉢をかぶせられ、継母にいじめられて家を追い出された姫は、風呂炊き女としてかいがいしくはたらいた（国会図書館提供）

これらの物語における鉢や姥皮は、神仏の庇護《ひご》を象徴している。また、幸福獲得の前提としての苦難（＝試練）をもあらわしている。さらに鉢や皮衣に包まれる状態は、忌《い》み籠《ごも》りの儀礼に通じている。つまり、復活・再生を予祝《よしゅく》する装置である。

また、鉢はさまざまな物を盛る道具である。自然崇拝（アニミズム）の社会では、あらゆる物に霊があると観想し、鉢は多くの霊を蓄える器と捉えていたようである。仏教でいえば宝をもたらす如意宝《にょいほう》である。

だから、姫が鉢をかぶっているあいだは、神仏に護られていたのであり、異形とさげすまされたゆえに、至上の幸福と無限の富を手にすることができたといえよう。

◇「鉢かづき姫」の姫はたくましい

継母にいじめられ、家を追われながらも理想的な男性と結ばれる。「鉢かづき」伝説はまさにシンデレラストーリーだが、お伽草子の『鉢かづき』と、子ども向けの絵本やアニメ日本昔話の「鉢かづき姫」とは様相が異なる。

「鉢かづき姫」の主人公は、自分で自由に鉢を取り外しでき、鉢をかぶった姿をそれほど悩みにしていない。しかも、そうした姫に惚《ほ》れこむ若旦那《わかだんな》があらわれる。民間伝承では父親が難題を出すというものもあるが、姫は若旦那を頼らず、自分で悩みを解決している。

つまり「鉢かづき姫」の姫は、いわば魔女《まじょ》（観音）の力を借りて幸せをつかむというシンデレラそのものではない。賢く、たくましい庶民の女なのである。白馬の王子様を待つお姫様ではなく、自ら幸せをつかみに行く〝肉食女子〟といってもよいだろう。

こらむ　昔話の舞台を歩く

― 長谷寺 ―

花に囲まれ、「花の御寺」とも呼ばれる長谷寺は観音の霊場として信仰があつい。本尊は、徳道上人が崇られると恐れられた楠を使ってつくった十メートルを超える「十一面観世音菩薩」。長谷寺参詣は初瀬詣でとも呼ばれ、宮廷の女性たちも多く訪れ、古典文学にもよく取り上げられている。

第四章
昔話・伝説とお伽草子

中将姫の本地
――當麻寺の曼荼羅にまつわる姫君の一代記

◆美しい姫に嫉妬した継母の計略

奈良県・二上山《にじょうさん》のふもとに當麻寺《たいまでら》という寺院がある。この七世紀に創建された由緒《ゆいしょ》正しい寺院は、奈良時代につくられた「當麻曼荼羅《まんだら》」を伝えることで極めて有名である。

曼荼羅とは仏の悟《さと》りの境地を象徴的にあらわした仏教絵画で、極楽浄土《ごくらくじょうど》を描き出したものを指すこともある。當麻曼荼羅はある女性が発願《ほつがん》し、生身《しょうじん》の観音が蓮《はす》を用いて織ったと伝えられている。

その寺院縁起《えんぎ》を源泉とするお伽草子に『中将姫の本地《ちゅうじょうひめのほんじ》』がある。「本地《ほんじ》」とは神仏習合《しんぶつしゅうごう》思想の本地垂迹《ほんじすいじゃく》説にもとづいた言葉で、本来の姿、由緒といった意味になる。寺社の縁起などを物語る作品を「本地物《ほんじもの》」というが、この物語は中将姫個人の伝記となっている。

横佩右大臣豊成《よこはぎのうだいじんとよなり》のひとり娘・中将姫は、三歳のときに母親を亡くし、七歳で継母を迎えた。姫は継母を実の母のように慕っていたが、継母は夫が姫をかわいがるのを嫌がり、いつか亡き者にしようと企んでいた。

姫が十三歳になると、宮中に上がって后《きさき》に立つようにとの宣旨《せんじ》が下る。すると継母は嫉妬《しっと》を募らせて策略をめぐらし、夫の豊成に「姫のもとに怪しげな男が通ってきている」と吹き込む。そして、姫の部屋から男が出てくるように仕向けて豊成に見せた。

これを信じた豊成は、ふしだらな娘は家の恥だと、姫を殺すよう家来に命じる。家来は姫を大和国《やまと》（奈良県）と紀伊国《きい》（和歌山県）の境にある雲雀山《ひばりやま》に連れて行って斬り捨てようとしたが、静かに念仏《ねんぶつ》を称《とな》える姫があまりに不憫《ふびん》で、山奥の小屋で自分の妻とともに姫を養うことにした。

豊成が継母の策略を知ったのは、姫が十五歳のときだった。山で偶然再会した姫からそれまでの経緯を明かされた豊成は、自分の過ちを涙ながらに悔《く》い、姫を都に連れ帰った。

都では、姫に再び后に立つようにという宣旨が下る。しかし姫は、世の無常を感じて夜中にこっそり屋敷を抜け出し、當麻寺に入って出家《しゅっけ》した。やがて姫のもとに阿弥陀如来《あみだにょらい》があらわれると、姫は諸国から蓮《はす》の茎《くき》を集めさせて蓮糸を紡ぎ、曼荼羅を織り上げた。阿弥陀如来は姫に十三年後の往生《おうじょう》を約束する。果して、姫は往生を遂《と》げた。

この中将姫の物語は、鎌倉時代の説話集や『當麻曼荼羅縁起絵巻《たいままんだらえんぎえまき》』をはじめ、室町時代の『當麻寺縁起絵巻』、ほぼ同時期のお伽草子、謡曲、説経、そして近世の歌舞伎、浄瑠璃、読み本などにとどめられたが、少しずつ内容が違っている。たとえば十二世紀の『建久御巡礼記《けんきゅうごじゅんれいき》』では、阿弥陀如来の力による女性の極楽往生をテーマとしている。それが、時代が下るにつれて、継母の嫉妬や策略が詳しく語られるようになる。そして中将姫といえば、継子ゆえの悲哀《ひあい》を経験した女性として知られるようになった。

◆中将姫と機織りとの関連性

中将姫の物語は、浄土教《じょうどきょう》系統の寺院で「當麻曼荼羅」の絵解《えと》きにともなって披露されてきた。それが流布して地域の伝説ともなっている。

なかには曼荼羅の織り成しという点が養蚕《ようさん》と絹織物《きぬおりもの》の生業に関連づけられ、さらに天女による機織りと感得《かんとく》されたようで、民間説話の「天人女房《てんにんにょうぼう》」の形を取って伝わってもいる。

そうした伝説化の背景には、昔話における一連の継子物との親近性もある。

継子が山に捨てられるが、無事にもどってくるという物語に馴れ親しんできたことが中将姫説話の大衆化を助長したと考えられる。

中将姫

曼荼羅を織る姫
（『少年少女お話の泉』より 国会図書館提供）

　また、この物語が伝説化したのは、継子が無事にもどってくることに人々は安堵《あんど》し歓迎され、さらに女人《にょにん》往生の具体話として寺院の説教に尊重されたためであろう。

第四章
昔話・伝説とお伽草子

安達原

――女主人の部屋に死骸の山が…奥州に残る鬼女伝説

◆鬼は必ずしも男とは限らない

鬼《おに》といえば、その恐ろしい形相や大柄の体躯《たいく》から男をイメージしやすい。しかし昔話では鬼婆《おにばば》や鬼女《きじょ》など、女が姿を変えた鬼が多く登場する。伝説では、戸隠山《とがくしやま》（長野県）の鬼女紅葉《もみじ》が有名だが、お伽草子となると、まずは『安達原《あだちがはら》』が挙げられる。

紀伊国（和歌山県）の雑賀左衛門家俊《さいがさえもんいえとし》の子、玉若《たまわか》がある日の夕暮れに姿を消した。占いで東国にいることがわかると、家俊は従者を引き連れて玉若捜索の旅に出る。

奥州安達原までやってきた一行は、一夜の宿を借りることにした。しかし、宿の女主人は部屋のなかを覗《のぞ》くなと言い残し、出て行ってしまう。不審に思った家俊が部屋のなかを見ると、人間の死骸《しがい》が山ほどあるではないか。一行は女主人が鬼女だと知って逃げ出し、追いかけてきた鬼たちと闘って討ちとった。

玉若とは松島《まつしま》で再会する。京都に戻ったところで留守を預けていた家臣が謀《む》反《ほん》を起こしているのを知ったが、これをも討ち果たした。以後、家俊の一家は栄え続けた。

安達がはらひとつ家

妊婦の腹を引き裂こうとしている鬼女。この錦絵が描かれた明治18年当時、政府は風紀を乱すものとして、これを発禁処分にした
（月岡芳年筆 国会図書館提供）

◆鬼女には哀愁の過去があった

鬼退治の物語『酒呑童子《しゅてんどうじ》』の鬼女版といったところだが、謡曲の『黒塚《くろづか》』で語られる鬼女伝承に着想した作品としてよい。その素材は、はやくに安達原に根ざしていたと考えられ、福島県二本松《にほんまつ》市には次のような物語が伝わっている。

昔、安達原の岩屋に老婆が住んでいた。この老婆はかつては京都で公家に仕えていたが、養育していた姫が病のためからだが不自由だった。病を治すには妊婦の生肝《いきぎも》がよいと聞き、妊婦を求めて旅に出た。

十数年後、安達原に住み着いていた老婆のもとに妊婦がやってくる。老婆は意を決して妊婦を殺し、ようやく生肝を手に入れたのだが、妊婦の持っていたお守りを見て衝撃を受ける。それは自分が家を出るとき、幼い娘に渡したお守りであった。

実の娘を殺したことを知った老婆は悲嘆《ひたん》にくれ、狂気のあまり本当の鬼婆となった。そして通りかかる旅人を殺しては喰らうようになった。

それから数年後、阿闍梨祐慶《あじゃりゆうけい》という旅の僧がこの地を通りかかり、観音菩薩《かんのんぼさつ》